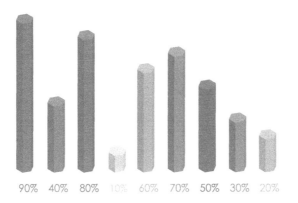

90%　40%　80%　10%　60%　70%　50%　30%　20%

# 大数据时代下的
# 统计学

## （第2版）

杨轶莘◎编著

电子工业出版社

Publishing House of Electronics Industry

北京·BEIJING

## 内 容 简 介

本书从大数据切入，引入与之息息相关的统计学，深入浅出地讲述了在"数据为王"的时代下，统计学作为分析、解读数据的学科，如何为商业、社会、生活等领域提供决策支持。

全书分为 8 章，第 1 章概述了大数据时代下的统计学，讲解了统计学的基本原理、应用领域及数据的获取方法。第 2、3 章讲述了统计学在思想方法及数据表述上和大数据处理方法的异同；第 4 章介绍了对统计学影响深远的正态分布；第 5 章探讨了在大数据时代统计推断是否失效；第 6 章重点从统计学视角讲述了大数据时代最热门的变量间的"相关性"问题；第 7 章以一种比较开放的态度讨论统计学中一些有意思又实用的话题；第 8 章探讨大数据能够给企业、用户及整个社会带来的价值。

本书不仅可以使读者感受到数字的美感和哲学的智慧，还可以使读者获得思辨的洞察力。更重要的是，拥有本书就相当于拥有了一种武器，其中数据驱动的思维模式将会使读者在生活、工作中受益匪浅。

**图书在版编目（CIP）数据**

大数据时代下的统计学 / 杨轶莘编著. —2 版. —北京：电子工业出版社，2019.9
（大数据及人工智能产教融合系列丛书）
ISBN 978-7-121-37087-8

Ⅰ. ①大… Ⅱ. ①杨… Ⅲ. ①统计学 Ⅳ. ①C8

中国版本图书馆 CIP 数据核字（2019）第 144532 号

责任编辑：高洪霞
印　　刷：北京盛通商印快线网络科技有限公司
装　　订：北京盛通商印快线网络科技有限公司
出版发行：电子工业出版社
　　　　　北京市海淀区万寿路 173 信箱　邮编：100036
开　　本：720×1000　　1/16　　印张：12.5　　字数：245 千字
版　　次：2015 年 9 月第 1 版
　　　　　2019 年 9 月第 2 版
印　　次：2023 年 8 月第 7 次印刷
定　　价：59.00 元

# 前　言

在不知不觉中，人们已经进入了一个数据为王的时代。大数据以迅雷不及掩耳之势进入人们的视野，更加强调了数据在这个时代的重要性。不管人们是否愿意，都要拥抱这个"大数据时代"。同时，大数据也带火了另外一个看上去有点神秘、有点距离感的学科——统计学。

## 为什么编写本书？

笔者作为一个在校园里学了 11 年统计学的资深学院派，深深地被这门学科打动：它有着数学的美感，充满了哲学的智慧，并且透露出思辨的洞察力。你可以把它看作一种工具，或者一种武器。有了它，你就可以直击事物本质的规律并能取得事半功倍的效果。

笔者很想把这门学科分享给对它感兴趣的人。这就是编写本书的初衷。

随着大数据逐渐走进公众的视野，统计学也必然会迎来更多的关注。这就意味着，越来越多的非统计学专业的人想去了解和应用统计学，也必然需要更多的统计学读物。

据笔者观察，市场上有关统计学的书大多都像教科书，充斥着枯燥的公式和深奥的理论。当然，也有一些幽默风趣、深入浅出的入门书籍，如查尔斯·韦兰的《赤裸裸的统计学》（*Naked Statistics*），但也因为是外国作品，在语言和写作方式上很难符合东方人的阅读习惯。

本书讨论大数据，讨论统计学，更讨论二者之间千丝万缕的联系。大数据时代将迎来技术的变革，以及工作方式和思维模式的变革。大数据时代也挑战着传统统计学的思维和研究模式，那么统计学是要面临江河日下被取代的危机，还是要迎来一个破茧而出的春天？本书抛砖引玉，试着给出一部分答案。

对于统计学来说，大数据时代是最好的时代，也是最坏的时代。统计学必须与时俱进，勇敢地接受大数据时代的挑战和变革，才会走得更长远。而如果大数据没有了统计学思维的辅助、修正和补充，当热潮退去，那么也只能在这个浮躁的时代中渐渐被人们遗忘。

# 本书特点

本书从大数据切入，引入与之息息相关的统计学，深入浅出地讲述了在"数据为王"的时代下，统计学作为分析、解读数据的学科，如何为商业、社会、生活等领域提供决策支持。

- 热门性——业界和学术界热议的"大数据"对大多数人来说仍是"犹抱琵琶半遮面"。

- 经典性——久经时间考验的统计学理论仍是数据处理的重要依据。

- 洞察性——站在统计学和哲学的思想高度，对时下热门话题进行分析思考。

- 前瞻性——任何行业，未来都是数据生意。

本书有两大特色：

- 将统计学和大数据结合在一起，探讨两者的差异和相关性。

- 大部分章节都是按照【案例】+【知识点】的结构进行讲述的，清晰明了。本书应用的案例也都和人们的生活息息相关，更具代入感和认同感，语言也更符合读者的阅读习惯。

## 本书内容

本书共分为 8 章，各章内容如下。

第 1 章：大数据时代下的统计学，讲解了统计学的基本原理、应用领域及数据的获取方法。

第 2 章：样本魅影，重点介绍了统计学最核心的思想，即用样本信息推论总体，并和大数据的推论思想进行比较，强调在实践中两者结合使用的重要性。

第 3 章：描述数据，告诉读者当面临大量数据的时候，如何迅速提炼出有用信息，以一种直接、感性的方式勾勒出隐藏在冷冰冰的数据背后的内涵。

第 4 章：正态"女神"，隆重推出了统计学中最经典、最重要、最具代表性的一个分布——正态分布，详细介绍了正态分布的理论、应用及相关知识点。

第 5 章：统计推断，讲述了统计推断是用样本来估计总体的，是一种具有科学依据的合理猜测，尽管它不可能完全准确，但却对人们认知事物有着不可估量的作用。

第 6 章：变量间的关系，从大数据思维的一个角度切入，强调事物的相关关系而非因果关系，重点讲述了究竟什么是相关关系，以及其统计学的内涵、方法及应用。

第 7 章：统计杂谈，以一种漫谈的方式，深入浅出地讲解了统计学一些热门应用的理论。特别强调了这些理论在实践中的误用，并告诉读者正确的使用方法和解读方法。

第 8 章：大数据，在水一方，探讨了大数据巨大的商业价值，还强调了如何从大数据中获取洞察力和决策力。

# 目　　录

第1章　大数据时代下的统计学 ································································· 1

1.1　统计学——天使还是恶魔 ····························································· 2

【知识点】统计学的定义 ······································································ 2

1.2　概率——上帝的指引 ···································································· 3

【案例1】硬币的指引 ·········································································· 3

【案例2】赌徒的错觉 ·········································································· 4

【知识点1】随机性 ············································································· 5

【知识点2】概率 ················································································ 5

1.3　小概率事件≠必然不会发生的事件 ············································· 7

【案例】挑战者号航天飞机失事 ··························································· 7

【知识点】"必然会发生"的事件和"必然不会发生"的事件 ················· 7

1.4　你真的了解数据吗？ ···································································· 8

【案例】淘宝的客户评价体系 ······························································ 9

【知识点】数据的类型 ········································································ 10

1.5　数据来自哪里？ ·········································································· 11

【案例】大数据，大偏差——谷歌的流感预测模型真的靠谱吗？ ············ 12

【知识点1】二手数据 ········································································· 13

【知识点2】相关关系和因果关系 ························································ 13

**第 2 章　样本魅影** ································································· 15

　2.1　样本——窥一斑而见全豹，观滴水而知沧海 ···················· 16

　　　【案例 1】客户满意度调查 ·········································· 16

　　　【案例 2】救护车垄断业务调查 ···································· 17

　　　【知识点】随机样本、方便样本和自愿回应样本 ············· 18

　2.2　抽样——尝一勺锅里的靓汤 ········································· 20

　　　【案例 1】红豆和绿豆 ··············································· 20

　　　【案例 2】"捉放法"估算鱼苗成活率 ···························· 21

　　　【案例 3】被解雇的市场调研部员工 ····························· 22

　　　【知识点 1】简单随机抽样 ········································· 23

　　　【知识点 2】抽样中存在的错误风险 ····························· 24

　　　【知识点 3】访问员 ················································· 25

　2.3　不回应误差——沉默不是金 ········································· 26

　　　【案例】"不回应"的影响有多大 ·································· 26

　　　【知识点 1】不回应 ················································· 27

　　　【知识点 2】如何降低不回应率 ···································· 27

　2.4　措辞的艺术——僧推/敲月下门 ····································· 29

　　　【案例】几字之差对民众支持率的影响 ························· 29

　　　【知识点 1】响应误差 ··············································· 30

　　　【知识点 2】有效性和可靠性 ······································ 30

　2.5　大数据时代，当"样本"已成往事 ································· 32

　　　【案例】Farecast，美国创业梦 ··································· 32

　　　【知识点】大数据的 4V 特征 ······································ 33

**第 3 章　描述数据** ································································· 36

　3.1　均值——可能会说谎的天平 ········································· 37

　　　【案例 1】中关村创业者平均年龄 39 岁 ······················· 37

　　　【案例 2】令人"啼笑皆非"的统计局数据 ····················· 38

　　　【知识点】均值计算 ················································· 38

　3.2　寻找中位数 ····························································· 39

　　　【案例 1】腾讯笔试题：大数据量寻找中位数 ················· 39

【案例2】淘宝卖家评分体系 ·················· 40

【知识点1】求取中位数 ·················· 42

【知识点2】四分位数 ·················· 42

3.3 标准差、标准误,傻傻分不清楚 ·················· 45

【案例1】均值-方差证券资产组合理论 ·················· 45

【案例2】语文成绩调研 ·················· 45

【知识点1】标准差 ·················· 46

【知识点2】标准误 ·················· 47

3.4 数据可视化——"云想衣裳花想容" ·················· 49

【知识点1】什么是数据可视化? ·················· 50

【知识点2】数据可视化的主要应用 ·················· 50

【知识点3】数据可视化的工具 ·················· 51

第4章 正态"女神" ·················· 53

4.1 期望——量化你的预期 ·················· 54

【案例1】掷骰子和伯努利试验 ·················· 54

【案例2】赌场就是概率场 ·················· 55

【知识点1】概率分布 ·················· 56

【知识点2】期望 ·················· 57

【知识点3】方差 ·················· 59

4.2 大数定律——为什么十赌九输 ·················· 60

【案例1】澳门风云 ·················· 60

【案例2】谁会是被骗的人 ·················· 61

【知识点】大数定律 ·················· 62

4.3 正态分布——大道至简,大美天成 ·················· 63

【案例】高尔顿钉板 ·················· 63

【知识点】正态分布 ·················· 64

4.4 中心极限定理 ·················· 66

【案例】肯德基和麦当劳的博弈 ·················· 66

【知识点】中心极限定理 ·················· 67

**第5章　统计推断** ················································································ 70

　5.1　点估计——统计学家比间谍干得漂亮 ············································ 71

　　　【案例1】第二次世界大战中的德军坦克数 ········································ 71

　　　【案例2】首家新鲜咖啡速递服务企业 ·············································· 72

　　　【知识点1】样本统计量和总体参数 ················································· 73

　　　【知识点2】点估计 ········································································· 74

　5.2　置信区间——责善切戒尽言 ·························································· 75

　　　【案例】美国盖洛普公司的民意调查 ················································ 75

　　　【知识点1】置信水平 ····································································· 76

　　　【知识点2】置信区间 ····································································· 76

　5.3　两类错误：有罪被判无罪和无罪被判有罪哪个更严重 ····················· 78

　　　【案例1】法律中的人文精神 ·························································· 78

　　　【案例2】抗击埃博拉要避免两类错误 ·············································· 79

　　　【知识点1】零假设和备择假设 ······················································· 80

　　　【知识点2】两类错误 ····································································· 81

　5.4　假设检验——"凑巧"可以拒绝吗？ ··············································· 82

　　　【案例1】奶茶情缘 ········································································· 82

　　　【案例2】咖啡新鲜吗？ ·································································· 84

　　　【知识点1】显著性水平 ·································································· 85

　　　【知识点2】$p$ 值 ········································································· 85

　　　【知识点3】统计显著 ····································································· 86

　　　【知识点4】统计显著对比实际显著 ················································· 86

　　　【知识点5】假设检验对比置信区间 ················································· 87

　　　【知识点6】单侧检验对比双侧检验 ················································· 87

　5.5　$p$ 值——打开"潘多拉魔盒"的钥匙 ············································ 89

　　　【案例】$p$ 值变了，结果就变了 ···················································· 90

　　　【知识点1】$p$ 值的历史和思想 ····················································· 91

　　　【知识点2】$p$ 值误用 ·································································· 92

第6章 变量间的关系 ·········································································· 94

6.1 卡方分析——细腻的眼神里岂容得半粒沙 ······························· 94

【案例1】仙道迟到事件发生率分析 ·········································· 94

【案例2】性别和文化程度是相互独立的吗？ ····························· 95

【知识点1】卡方分布 ····························································· 96

【知识点2】卡方检验 ····························································· 97

6.2 相关性分析——早起的鸟儿有虫吃 ········································· 100

【案例1】早起的鸟儿有虫吃 ·················································· 100

【案例2】化妆品销售额与广告费的关系分析 ···························· 101

【知识点1】相关关系 ···························································· 102

【知识点2】相关分析 ···························································· 103

【知识点3】相关表、相关图和相关系数 ·································· 104

【知识点4】$t$ 统计量 ··························································· 105

6.3 ANOVA——地域，我们没有什么不同 ··································· 105

【案例】"地域歧视"问题 ······················································ 105

【知识点1】方差分析 ···························································· 106

【知识点2】方差分析统计模型 ··············································· 107

【知识点3】离差平方和及其分解 ············································ 109

【知识点4】均方 ································································· 110

【知识点5】$F$ 统计量 ·························································· 111

【知识点6】方差分析表 ························································ 112

6.4 回归分析——对不起，其实我也想长高 ·································· 116

【案例1】子女身高的遗传发现 ··············································· 116

【案例2】身高的地区差异分析 ··············································· 117

【知识点1】回归分析 ···························································· 118

【知识点2】随机误差项 ························································ 119

【知识点3】最小二乘法 ························································ 119

【知识点4】回归分析 T 检验 ················································· 121

【知识点5】回归分析 F 检验 ················································· 122

【知识点6】拟合优度 ···························································· 123

**第7章 统计杂谈** 124

7.1 为什么对回归情有独钟 124

【回归和电影】 126

【回归和手游】 128

7.2 调查问卷中的分类变量 132

【疼痛】 133

【Rank-Invariant】 135

【Svensson Method】 135

【工作环境和员工满意度】 137

7.3 条件概率 139

【生男生女的问题】 140

【门后的世界：到底是谁错了】 141

7.4 极大似然估计——看起来最像 144

【白狐，iPhone 6 Plus 和房价】 144

7.5 统计软件 146

【名门闺秀 SAS】 147

【国民初恋 SPSS】 148

【小家碧玉 Stata，Minitab，Excel】 148

【清新萝莉 R】 150

7.6 贝叶斯 151

【起源】 152

【核心思想】 153

【自拍杆和蓝牙耳机】 155

7.7 来自星星的统计陷阱 157

【问卷调查的潜在陷阱】 157

【王老吉状告加多宝】 158

**第8章 大数据，在水一方** 161

8.1 洛阳纸贵——大数据思维 161

【案例1】罩杯和"败家"程度 166

【案例2】外滩踩踏事件 ·········································· 168

【案例3】大数据和途牛网 ········································ 170

8.2 大数据驱动运营 ············································ 171

【案例】DataEye，数据驱动手游运营 ··················· 176

8.3 商业智能——决策者的锦囊 ······························ 178

【案例】广告业的商业智能 ································ 179

8.4 市场智能——商业智能的衍生智慧 ····················· 180

8.5 消费智能——当数据成为一种服务 ····················· 183

# 第 1 章

# 大数据时代下的统计学

不知不觉中，"大数据"的概念"忽如一夜春风来，千树万树梨花开"，以迅雷不及掩耳之势进入人们的视野，各个行业也都希望能搭上这辆顺风车。大数据的核心是数据。大数据"火"了，也带"火"了另一个和数据相关的学科——统计学。许多高校增设统计学专业，市场上对统计人才的需求也大大增加。但也有人认为大数据思维和统计思维有着本质区别，随着获取和存储数据能力的不断增强、大数据方法的不断成熟，传统的统计学必将被取代。

在大数据时代既然统计学不会消亡，反而会起到举足轻重的作用，那么统计方法就不应该只是少数学者所掌握的工具，而应该走向生活、走向大众，成为一种像读书看报一样的普通技能。

# 1.1 统计学——天使还是恶魔

## 【知识点】统计学的定义

在《不列颠百科全书》中将统计学定义如下：收集、分析、表述和解释数据的艺术和科学。这个定义被科学界普遍认可。

那么，统计学究竟是一门怎样的学科呢？

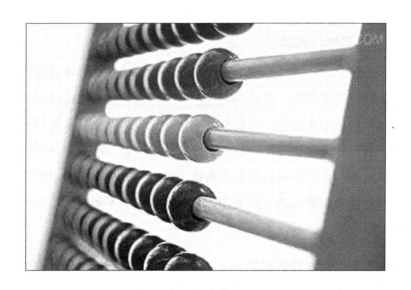

白衣天使南丁格尔说："若想了解上帝在想什么，我们就必须学统计，因为统计学就是在量测他的旨意。"不过，犀利的大文豪马克·吐温却说世界上只有三种谎言：谎言、该死的谎言和统计学。一正一反，两种评价大相径庭。

其实，统计学是一门基于数据的学科。数据是严谨的、枯燥的、冷冰冰的，同时，数据又是丰富的、客观的、忠实的、从不会欺骗人的。数据是数字，但又不只是数字，还具有更重要的意义。统计学还是一门关于数据的艺术。当然，收集数据不是统计学的目的；如何高效、准确地分析数据，并把它转化成比数据本身更有价值的知识才是统计学的目的。

世间的一切貌似杂乱却又暗自遵循着某种规律，就像毕德哥拉斯学派形容的那样，万物皆是数。在理性的基础上，所有的判断都是统计学。在不知不觉中，国家、企业和个人已经成为一个个"运行于数字之上的国家、企业和个人"。

统计学是"万金油"，它在金融、经济、医学等领域都有着广泛的应用。不管是不是在大数据时代，统计学都不是万能的，可没有统计学却是万万不能的。

# 1.2　概率——上帝的指引

## 【案例 1】硬币的指引

笔者是一个有选择恐惧症的人，遇到难以决断的事，就会通过抛硬币来决定，认为这样做更接近"上帝的指引"。比如，笔者会在心里默念：我的统计学会不会不及格？然后告诉自己，如果数字的那面朝上就会不及格。接着，笔者把一枚硬币抛向空中，忐忑地等待它落下。其结果令人沮丧："菊花"的那面朝上。

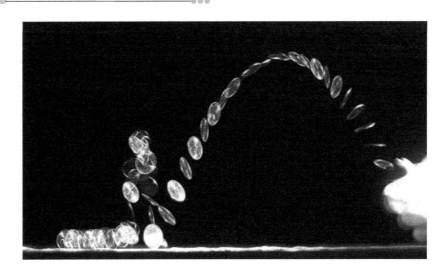

如果笔者不厌其烦地继续抛那枚硬币，抛了 1 000 次后会惊讶地发现"数字"和"菊花"出现的次数大约都为 500 次。这就意味着，上帝给笔者的指引其实是十分中立的：不及格或者及格的可能性各占一半。原来这就是随机性中暗含的规律性，而这种规律性就量化地体现为概率。

## 【案例 2】赌徒的错觉

庄家常胜，胜在深谙统计学；赌徒常败，败在对统计学几乎一无所知。可见，统计学在赌博中也有广泛的应用。当然，在我们国家赌博是被法律禁止的，可是在一些古装影片或者中国香港的影片中还是会看到很多赌博的情节。比如，在买大小时如果遇到如下情况：

在连开了很多盘"大"之后，很多赌徒可能会猜测下一个出现"小"的可能性极大。和上述抛硬币的例子一样，这种随机的平衡结果是以大量重复试验为基础的，短短几次或者十几次并无统计规律可循。骰子是没有记忆的，不会以平衡大小的方式出现。那么，如何来看待骰子的概率呢？

## 【知识点 1】随机性

随机事件需要满足如下两个条件：

（1）在条件基本相同的情况下，要有可重复性。

（2）即使条件完全相同，在事情没发生之前，人们也无法预测它的结果。

就像案例 2 中，摇骰子是没有规律可循的，这样就出现了随机性，人们也就无法预测其结果。

## 【知识点 2】概率

在一定条件下，重复做 $n$ 次试验，$n_A$ 为 $n$ 次试验中事件 A 发生的次数。随着 $n$ 逐渐增大，如果频率（$n_A / n$）逐渐稳定在某一数值 $p$ 附近，则数值 $p$ 就称为事件 A 在该条件下发生的概率，记作 $P(A) = p$。

什么是概率？相信每个人在生活中或多或少都听说过。概率是一个介于 0 和 1 之间的数，代表某件事发生的可能性的大小，越靠近 1 可能性越大，越靠近 0 可能性越小。

把 1 次到 1 000 次抛硬币称为"试验"，每次都记录下"菊花"出现的比例。刚开始，这个比例变化浮动的范围很大，但随着试验次数的不断增加，这个比例逐步趋近于一个固定的常数 0.5。所以 0.5 就被认为是出现"菊花"的概率。

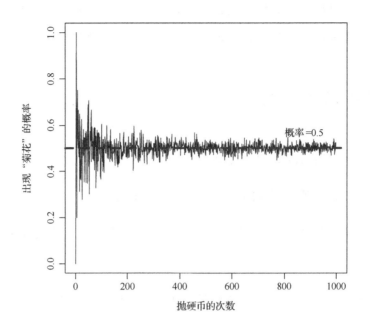

再看一个硬币的例子，让读者练练脑力和眼力。掷一元硬币 6 次，将菊花朝上（F）或数字朝上（N）记录下来。下面的两组结果，哪一组发生的可能性（概率）更大？

FNFNNF        FFFNNN

可能大部分人都会猜第一种结果"FNFNNF"更容易发生，因为另一组"FFFNNN"看上去不那么"随机"，貌似很有规律性。事实上，这两组结果出现的概率是一样的。基于硬币是一枚公平硬币（正常的硬币）的假设，菊花和数字在每次试验中出现的可能性相等，在多次试验中发生的概率都是 50%，但这并不意味着在短短的 6 次试验中 F 和 N 需要交替发生。硬币没有记忆，不会记得过去的掷出结果，更不会去试着平衡这种结果。

# 1.3　小概率事件 ≠ 必然不会发生的事件

## 【案例】挑战者号航天飞机失事

有一个有关 Richard Feynman（物理学家）和小概率事件的故事。1986
年 1 月，美国的挑战者号航天飞机（STS Challenger）在发射后不久爆炸。
在事后调查中，工作人员被询问这种失败的概率是多少？工程师说，大概
是百分之一；而管理人员却说，大概是百万分之一。Feynman 听后追问到：
"你的意思是，如果你每天都发射一个火箭，连续发射 3 000 年只有一次
失败？"

Feynman 是心算高手，能秒算出 3 000 年是 1 095 000 天。工作人员只
是给出了一个关于这种风险的猜测，但是 Feynman 却把这种模糊的个人观
点转化成一种更精确、更具体的场景：要满足管理人员所说的百万分之一
的概率，就得做 1 000 000 次实验，连续发射 3 000 年。普通人的大脑对这
种小概率的感知是很模糊的，比如，中彩票的概率是八千万分之一，或者
死于飞机空难的概率是七百万分之一。因此，人们只知道死于空难是一件
几乎不可能发生的事。

## 【知识点】"必然会发生"的事件和"必然不会发生"的事件

"必然会发生的事件"是发生概率正好为 1 的事件；"必然不会发生的

事件"是发生概率为 0 的事件。

在现实世界中的确存在一些极端现象："必然会发生"的事件和"必然不会发生"的事件。比如，《神雕侠侣》中的瑛姑要将 3 只九尾狐放入 2 个布袋中，并使每个袋子里都必须有狐狸，其中有一个袋子有 2 只，这就是必然会发生的事件。相反，她要将 2 只狐狸放入 3 个布袋中，并使个袋子里都必须有狐狸，这就是必然不会发生事件。

生活中的大部分事件都介于"必然会发生"和"必然不会发生"之间。它可能是一个概率为 0.000 001 会发生的事件，但在事件发生之前，谁也无法预测它到底是否会发生。小概率事件不等于"必然不会发生"的事件。所以，马云就说过，梦想还是要有的，万一实现了呢！Nothing is impossible，明知不可为而为之的人，往往最终都成为了人生赢家。

## 1.4　你真的了解数据吗？

在这个数据才是王道的时代，你确定自己真的了解数据吗？你是不是以为只有在中学数学课上学的那些用于加减乘除或者三角函数运算的"数字"才能称作数据呢？下面来看一个例子。

## 【案例】淘宝的客户评价体系

大家对淘宝一定都不陌生。在确认收货之后，大家就可以对宝贝进行评价了，如下图所示。

在图中，"给店铺评分"分为 5 个方面，这在统计学中就是 5 个变量。其中每个变量都用星星的多少来测量：1 颗星代表最差，5 颗星代表最好。

# 【知识点】数据的类型

在 1946 的《科学》中，Stanley Smith Stevens 将变量分为 4 类：无序分类变量（Nominal）、有序分类变量（Ordinal）、定距变量（Interval）和定比变量（Ratio）。这种分类被普遍认可。

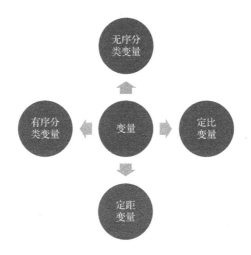

客户通过淘宝评价卖家的产品和服务的那些星星，也是数据的一种，属于有序分类变量。它们也可以被用于高级的统计分析，当然不是简单的求和或者求百分比。

数据是由变量产生的，因此变量的类型决定了数据的类型，如下表所示。

| 变　　量 | 类　　型 | 值 |
|---|---|---|
| 星座 | 无序分类数据 | 摩羯，白羊，金牛，…… |
| 疗效 | 有序分类数据 | 无效，有效，显效，痊愈 |
| 考试名次 | 有序分类数据 | 第一，第二，第三，…… |
| 营业额 | 定比数据 | …，1 012 030RMB/M，… |
| 温度 | 定距数据 | …，1℃，… |
| GDP 增长率 | 定比数据 | …，8%，… |
| 孩子数 | 定比数据 | 0，1，2，3，… |

定距变量的典型代表是温度。只能说 10℃比 5℃高 5℃（10℃－5℃＝5℃），却不能说 10℃的时候比 5℃的时候热一倍（10℃÷5℃≠2）。

有序分类数据和无序分类数据经常出现在各种市场调研、满意度调研等问卷中。比如在对疗效的调查中，为了方便经常这样记录数据：1＝无效，2＝有效，3＝显效，4＝痊愈。

切记，它们并不是真正的数字，其可以用 1，2，3，4 来表示，也可以用*、**、***、****、*****等有顺序含义的符号来表示。它们只可以排序，不能进行加减乘除等数学运算。这很好理解，如果说"痊愈（4）"是"有效（2）"的两倍，那将是多么可笑！

所有的信息都可以被转化为数据。因此，我们只有认清数据，才能看清楚大数据时代。

# 1.5　数据来自哪里？

大数据时代的核心价值是"数据"。面对高速运转的海量数据，数据科学家（注意：这里的数据科学家是比统计师更宽泛的概念）利用手中先进的技术武器，拼命挖掘着数据海洋中漂浮的冰山一角下的信息。数据科学家和像维克多先生那样的大数据专家并不在意数据来自哪里，他们认为在信息爆炸的大数据时代没有时间去理会这个话题。而被统计学经典理论"洗脑"的统计学家却固执地认为：数据来自哪里很重要。

## 【案例】大数据，大偏差——谷歌的流感预测模型真的靠谱吗？

谷歌利用检索特定词条出现的频率成功预测禽流感的故事是一个经典案例，频频出现在各种推销大数据的书籍和演讲中。维克托·迈尔·舍恩伯格的被奉为教科书的《大数据时代》一书中就引用了这个例子。

2009 年，在甲型 H1N1 流感爆发之前，谷歌用"谷歌流感趋势（GFT）"模型成功预测了流感在美国境内的传播。这个预测结果在时间上非常迅速、在空间上非常准确，令整个美国震惊。谷歌也因此一鸣惊人，奠定了它在数据界"泰山北斗"的江湖地位。

那么，谷歌是怎么做到的呢？

他们发现疫情的发展可以和某些关键词被搜索的频率很好地联系起来，比如"发烧""头痛""咳嗽"等。这些词出现的频率越高，爆发流感疫情的可能性就越大。谷歌对这些关键词的搜索记录进行检测记录，同时利用地图定位到相关的区域，在号称"不需要理论模型"和"不需要医学知识支持"的情况下，通过海量数据分析，快速、准确地预测了流感爆发的趋势和具体的传播范围。

或许读者没有听说过这个故事的续篇。谷歌的流感预测模型非常遗憾地没有经得住实践和时间的考验。在 2011—2013 年的三年期间，模型的预测出现严重偏差：一直处在高估流感的状态。其中最严重的偏差出现在 2013

年 1 月，谷歌产品显示的数据是美国疾病控制中心汇总数据后得到的实际结果的两倍，这样的偏差显然超出了人们可以接受的范围。

## 【知识点 1】二手数据

目前，大数据中的数据多为二手数据（Second Hand Data），其一般是在没有任何目的的情况下收集的，过程中缺乏监督，导致数据本身质量不高，充满"噪声"。

## 【知识点 2】相关关系和因果关系

A 和 B 是相关关系，是指 A 发生的同时往往伴随着 B 的发生。相关关系至少包括 5 种可能性。

1. • A导致B
2. • B导致A
3. • C导致A和B
4. • A和B互为因果
5. • 小样本引起的巧合

而因果关系是指 A 导致 B 发生，或者 B 导致 A 发生。

大数据专家维克托·迈尔·舍恩伯格觉得大数据的核心思想就是要承认数据的不完美。而从统计学的层面上去理解，这个问题恰恰为今后的数据分析埋下隐患。

当然这不是最重要的。不管是大数据，还是模型，统计思维告诉人们数据的来源非常重要。谷歌的数据来自用户使用搜索引擎的检索记录。在这里，实际上谷歌悄悄偷换了概念，试图用搜索关键字的网民的行为来预测整个国家的人们患病的可能性。问题是，也许一部分有流感症状的人使用了搜索引擎并搜索了那些关键字，而另一部分却没有使用；同样，使用搜索引擎搜索那些关键字的人未必都有流感的症状，他或许只是好奇而已。

谷歌的模型基于各种关键词和发病率之间的关系，这种关系在一定时间内是正确的。大数据思维只关心相关性（A和B同时发生）而忽略对因果关系（A导致B发生）的探寻。随着事态的发展，媒体对流感的报道不断增加，这引起越来越多的人的重视，所以流感关键词的搜索量自然而然地会激增，可这并不意味着流感的大规模爆发。某知名统计学家曾说过："你不知道相关关系为什么发生，你就不知道它什么时候会消亡。"没有弄明白这一点，也许是"谷歌流感趋势"模型失败的最重要原因。

统计学讲求用尽可能少的数据（资源）来获取尽可能多的信息量。统计学不会轻信iPhone 6和iPhone 6 Plus那样的宣传语：bigger than bigger。统计学不相信样本越大越有用，只相信有总体代表性的样本才是有用的。因此弄清楚什么才是所要研究的总体至关重要。如果大数据样本和希望被研究的目标总体之间偏差较大，那么分析得出的结论也就存在较大偏差。

在大数据风起云涌的时代，就连中关村卖盗版书的大爷都妙语连珠地向笔者推销维克托的《大数据时代》，并且反复强调数据分析的重要性。这绝对是社会发展的正能量。与此同时，我们也必须冷静地看待大数据潜在的缺陷和问题。这并不是怀疑大数据对新时代的贡献，而是说任何新生事物的发展都需要有一个过程。在这个时代中统计学也需要变革、进步，因为离开统计学思维的支持，难免会出现"大数据，大偏差"这样的窘境，使人们陷入无穷无尽的数据海洋中而看不到彼岸。

# 第 2 章

# 样 本 魅 影

"顷者,《日知录》已刻成样本,特寄上一部。"

——顾炎武(清)《与李良年书》

样本,在汉语中的原意是"印来当样本的书",在近现代科学中是指研究中实际观测或调查的一部分个体。在统计学中,随机样本更是一个举足轻重的概念。

样本之于统计学,就如同利刃之于宝剑,羽翼之于苍鹰。统计学的目的就是通过对少量数据的观测和收集来印证尽可能多的发现。在人们获取和储存数据的能力都十分有限的年代,随机采样是一种捷径,即人们无须耗时耗力去观测总体中所有的个体就可以通过样本对总体有一个大概的估计。即使到了获取和处理数据的能力日新月异的大数据时代,人们还是要依靠样本,毕竟,它经济实用的特点对大多数人来说都有着不可抗拒的吸引力。

# 2.1 样本——窥一斑而见全豹，观滴水而知沧海

## 【案例1】客户满意度调查

小明是"90后"，毕业后创业，经营一家小的教育咨询公司。由于事业刚刚起步，只有20个客户。为了更好地开展业务，小明想通过随机抽取其中5个客户来调查所有客户的满意度。那么，他是如何用简单的随机抽样来抽取这5个客户的呢？

首先，他把这20个客户用数字1～20依次编号（客户名字均为虚构）。

| | | | |
|---|---|---|---|
| 1 | 王语嫣 | 11 | 周芷若 |
| 2 | 杨逍 | 12 | 杨不悔 |
| 3 | 范遥 | 13 | 虚竹 |
| 4 | 纪晓芙 | 14 | 慕容复 |
| 5 | 黄药师 | 15 | 袁承志 |
| 6 | 霍青桐 | 16 | 胡一刀 |
| 7 | 夏雪宜 | 17 | 程灵素 |
| 8 | 郭襄 | 18 | 陈家洛 |
| 9 | 袁承志 | 19 | 程瑶迦 |
| 10 | 程英 | 20 | 郭破虏 |

小明随机选取了 5 个人，如下被圈出的数字：

(14) 90 84 45 (11) 75 73 88(05) 90 52 27 41 14 86 22 98 (12) 22 (08) 07 52 74 95 80

因为小明对客户的编号范围是 1～20,所以他只依次选取了这个范围内的 5 个数：14，11，5，12 和 8。因此，这个 5 个样本量的随机样本就产生了：慕容复、周芷若、黄药师、杨不悔和郭襄。

小明抽取随机样本的目的是想用最小的成本使调查结果更真实、可靠地反映出其公司客户的整体满意度，以便根据客户意见对服务进行调整。

## 【案例2】救护车垄断业务调查

在美国路易斯安那州的拉皮德县，只有 A 公司可以提供救护车救援业务。当地的一家知名杂志 *Town Talk* 发起了一项电话调查。读者可以打电话到报社，对 A 公司在救护车业务上的垄断地位是否应该被打破进行投票，按 1 代表同意，按 2 代表不同意。

*Town Talk* 杂志共收集到 3 763 个电话投票。结果显示，超过 80%的访民支持 A 公司继续保持在救护车业务上的垄断经营。但通过对收集到的 3 763 个样本仔细研究发现,其中有 638 个电话是从 A 公司的办公室打出来的。这是什么原因呢？一是，A 公司的一些底层员工害怕公司动荡后自己会失业，所以主动投赞成票；二是，A 公司的一些部门领导命令或动员手下打电话去投票赞成。

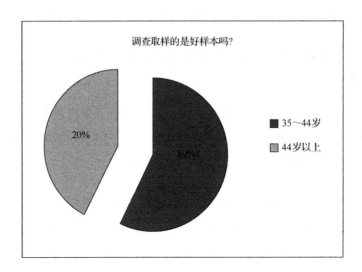

3 763 是一个相对很大的样本量，可 *Town Talk* 杂志不恰当的抽样方法导致其结果没有任何可信度，只是一场浪费人力、物力的情景剧。

# 【知识点】随机样本、方便样本和自愿回应样本

在统计学中，总体是指所有需要被研究的个体，在研究之前需要被严格定义。比如，国家统计局要调查我国平均每个家庭的孩子数量。这里，我国的所有家庭就是总体。当然，"家庭"是指什么？按户口本算吗，离异家庭怎么算等问题都是需要详细考虑的。

样本，是相对于总体的一个概念，指的是总体中被选中的部分。因为不可能敲开每个家庭的大门去询问孩子的个数，那样就变成人口普查了。所以，就需要依赖一个较小的样本来反映较大的一个总体，这才符合经济学原理。

随机样本（Random Sample）是指来自总体的、能够正确反映总体情况的元素总称。其满足如下条件：

（1）被研究的总体要有明确的定义。

（2）总体的每个个体有一个已知的概率包含在该样本中。

（3）抽样过程中必须遵循随机原则。

案例 1 中小明就是用随机抽样的方法抽取了一个"好样本"。而事实上，在实际操作中产生一个"好样本"要比产生一个"坏样本"难得多。"坏样本"不是通过科学、严格的设计得到的样本，而是本着实用原则取得的"唾手可得"的样本。

方便样本（Convenient Sample）是指研究者出于方便性的原因而选取的"唾手可得"的样本。自愿回应样本（Voluntary Response Sample）是指通过来信、来电的方式收集的民情民意。一般来说，自愿回应样本是有偏差的，因此从中得到的结论很难推广到总体。

**注意：** 样本的好坏，是决定性因素。就像一锅汤，如果搅拌均匀，品尝其中的任何一勺都可以尝出整锅汤的味道。好的样本一定是来自一个信息被搅拌均匀的总体，抽取的过程要满足随机性原则。案例 1 中，虽然小明利用随机数表来抽取 5 个客户的方法很落伍，却产生了一个具有代表性的"随机样本"，用它得到的结论是靠谱的。当然，现在随机数表产生随机数的方法已经被各种程序所取代，人们通过写代码或者点击鼠标就能轻松获取随机数。

相反，案例 2 中美国的 *Town Talk* 杂志则告诉人们一个"坏样本"是如何产生的。人们根据自己的意愿选择是否打电话过去投票，因此产生了"自愿回应样本"，在这个过程中也不知不觉引入了"偏差"——样本中给了支持救护车企业继续维护垄断经营的对应者过分大的权重，这使得对整体的估计丧失了公平性。

在各行业的研究中，被普遍应用的"方便样本"也同样产生"坏样本"。在商场中，拦住来往的行人并说服他们做某种产品的市场调研。这样确实方便、简易、经济实惠，却也在引进偏差。因为商场中的行人未必就是产品或服务的全部受众，另外，被说服、愿意停留下来做问卷的行人或许是不赶时间的人，或许是性格温柔的老好人。如果受访者大多都是某一固定类型的人，结论又怎能代表总体呢？

# 2.2  抽样——尝一勺锅里的靓汤

## 【案例1】红豆和绿豆

李奶奶有一个祖传秘方，把红豆和绿豆按照一定的比例混合在一起煮，据说喝了此粥可以达到排毒养颜、延年益寿的目的。但李奶奶不小心把一大堆红豆和绿豆混合倒入同一个桶里，却忘记了两种豆的比例。她就让她的孙子大壮帮她想办法算出两种豆各有多少颗。

大壮灵机一动。他把桶里的豆子摇匀，随意抓了一把数了数，有 20 颗红豆和 30 颗绿豆。假设这桶豆子中红豆和绿豆的数量比例和大壮所抓出的这把豆子中红豆和绿豆的数量之比相同，并且红豆和绿豆的每一颗的质量相同，那么这桶豆子中大概有 40% 的红豆。假设这桶豆子共有 10kg，则红豆有 4kg，绿豆有 6kg。然后李奶奶就可以根据秘方中的比例调整两种豆子的分量了。

上面的例子生动地说明了"简单随机抽样"。样本和总体的关键联系是"比例"，即桶里的豆子和抓出来的豆子比例是一样的。

# 【案例2】"捉放法"估算鱼苗成活率

肖博士从农业学院毕业后放弃了研究所的工作，毅然决然地回老家创业。他承包了村里的鱼塘，雇用了很多乡亲养鱼。春天的时候，肖博士撒下两万条鲫鱼苗。过了一段时间，肖博士决定看看鱼苗的成活率。于是，他采取了"捉放法"来估算鱼塘里有多少条鱼。

肖博士的做法如下：

（1）从鱼塘中捕捉 400 条鱼并做好特殊标记。

（2）把做好标记的鱼再放回鱼塘。

（3）一周后，从鱼塘中捕捉 800 条鱼，发现其中有 30 条是做了标记的。

（4）根据这个比例估算出鱼塘中鲫鱼的数量，从而算出鱼苗的成活率。

其实肖博士利用的也是简单随机抽样的原理。假设在两次捕捉中鱼塘里鱼的总数是一样的，并且做了标记的鱼被再次放入鱼塘时是均匀分布的。随机性体现在无论做标记与否，鱼被抽到的可能性都一样。

肖博士的目的是估算鱼塘中现在一共有多少条鱼，设未知数为 $x$。

在步骤 1 中，第一次被捕捉的 400 条鱼全部被做上标记，并放回鱼塘。此时，鱼塘中有标记的鱼的比例是 $\dfrac{400}{x}$。

在步骤 3 中，将第二次被捕捉上来的 800 条鱼看作一个简单的随机样本，其中有标记的鱼的比例是 $\dfrac{30}{800}$。与案例 1 中红豆和绿豆的例子一样，这个比例在随机样本中和在总体中一样，所以

$$\frac{400}{x} = \frac{30}{800}$$

$$x = 10\,667$$

鱼苗成活率为

$$\frac{10\,667}{20\,000} \times 100\% = 53\%$$

# 【案例3】被解雇的市场调研部员工

市场调研对企业营销至关重要，因此越来越多的企业领导者愿意用调研结果来指导企业实践。可是，人们往往忽略调研方法本身隐藏的疏漏和风险。错误的样本产生错误的数据，进而对企业产生误导，这令很多企业家对数据望而生畏。

2004 年，我国某知名电视机生产公司就因为一次市场调查的结果，解雇了市场研究部的全部员工。那么，故事是怎样的呢？

为了调查该企业电视机品牌的市场占有率，该公司派出市场研究部的两组员工就这个问题开展调查：请列举您会选择的电视机品牌。两组的调查结果令人大跌眼镜：A 组发现，36%的消费者在购买时愿意选择该公司的电视机；B 组的结果却仅仅为 16%！公司很纳闷，为何同样的抽样方法产生如此不同的结果？究竟是哪里出了问题？真相究竟如何？

于是，公司请专门的机构对参与该调研的全体成员进行调查，发现了问题的症结：A 组在调研过程中存在明显的误导受访者的行为。在询问过程中调查员都戴着印有该公司 Logo 的领带，让受访者一眼就能看出谁是这次活动的主办方。并且，在问题的选项中，该公司的名字出现在众多电视品牌的第一位。这两种强烈的心理暗示都让结果有失公允。

这让公司老总不寒而栗：如果按照 A 组的结论去指导生产，产量将超过实际需求，造成严重损失。原因就是该公司 A 组访问员在抽样过程中引入了比较严重的非抽样误差，即访问员对被访者强烈的诱导。这是导致结果偏差的症结所在。

# 【知识点 1】简单随机抽样

抽样大致分为随机抽样和非随机抽样两种。简单随机抽样是概率抽样中最简单的一种，也是实践中应用最广泛的一种。

简单随机抽样是指从总体 $N$ 个元素中任意抽取 $n$ 个元素作为样本，使每个可能的样本被抽中的概率相等的一种抽样方式。

简单随机抽样具有如下特点：

（1）总体个数 $N$ 是有限的。

（2）样本数 $n$ 不大于总体个数 $N$。

（3）简单随机抽样是不放回抽样。

（4）总体中每个个体被选入样本的可能性均为 $n/N$。

如何理解简单随机抽样的内在机制呢？一般情况下，人们是无法得知总体情况的，所以才需要用样本去估测。假设，知道总体中共有 5 个元素：

$$\{A,B,C,D,E\}$$

要抽取一个 $n=2$ 的样本，则有 $C_5^2 = 10$ 种可能性。

$$\{A,B\}，\{A,C\}，\{A,D\}，\{A,E\}，\{B,C\}，$$

$$\{B,D\}，\{B,E\}，\{C,D\}，\{C,E\}，\{D,E\}$$

每个可能的样本被抽中的概率相等，都为 1/10。如何解释总体中每个个体被选入样本的可能性均为 2/5 呢？以元素 $A$ 为例，它出现在 4 个可能性的样本中，所以被选中的概率是 4/10。

案例 1 中估算红豆和绿豆的数目及案例 2 中的捉放法，采用的都是简单随机抽样的方法。随机性体现在，无论红豆还是绿豆、被标记的鱼还是没被标记的鱼，在样本中被抽中的可能性都是一样的。这就使得每个个体被选入样本的可能性均为 $n/N$，这个比例无论是在总体中还是在样本中，都保持不变。这就是简单随机抽样的要义。

## 【知识点 2】抽样中存在的错误风险

在抽样过程中，有多重因素可导致错误或误差，其中可能引发错误的风险如下。

（1）抽样误差，即随机性带来的误差。因为抽到哪个样本是随机的，所以如果同样的调查可以做两遍，两次的结果也未必会一模一样。这种随机性导致的误差，并非是"错误的误差"。随着样本量的增大，样本稳定性会增强，抽样误差就会相应减少。

（2）非抽样误差。

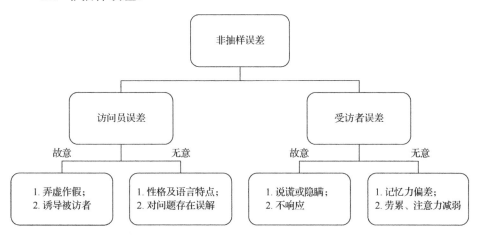

案例3中被解雇的市场部 A 组调查人员就是因为在抽样过程中引入了非抽样误差（诱导被访者），使结果产生很大偏差。因此，在抽样过程中应该严格控制这类误差，从而降低错误的风险。

# 【知识点3】访问员

在抽样调查中，访问员起到举足轻重的作用。优秀的访问员不但能够提高问卷调查的回应率，而且还能控制抽样误差。一个优秀的访问员需要满足如下要求：

（1）具有责任心、诚实的态度和专业精神。

（2）对问卷的问题有准确、深刻的理解。

（3）经过专业培训，掌握良好的沟通和询问技巧。

在应用抽样的过程中，存在很多风险的可能性，正如知识点 2 中所列举的。解雇市场部调查人员的原因是他们作为访问员在询问过程中严重诱导被访者，引入较大误差，导致结果毫无可信性。由此可以看出，统计学是一门严谨的学科，除了依靠科学的技术，还需要诚实的态度、严密的操作。正应了那句话："错误的数据还不如没有数据"。

# 2.3　不回应误差——沉默不是金

## 【案例】"不回应"的影响有多大

某地方电视台的市场部就是否增加一档养生保健类节目进行前期调研。他们计划用电话随机调查的方式访问 1 500 人，结果只有 1 000 人接了电话，使调研存在 500 人的数据缺失。在接受访问的 1 000 人中，有 800 人赞成这档节目的开播。

该抽样调查的不回应率是三分之一。那么，不回应的受访者对结果有着怎样的影响呢？经过电视台的跟进调研，没有接听到电话的 500 人中仅有 20 人支持该节目开播。如果完全忽略这 500 个不回应的人，则该节目的赞成率为

$$\frac{800}{1\,000} = 80\%$$

但如果将这些人考虑在内，赞成率就变为

$$\frac{820}{1\,500} = 55\%$$

这个案例很典型地反映了"不回应"问题带来的影响。如果简单地把"不回应"的这部分受访者的意见排除在外，那么得到的结论就会有很大偏差。

## 【知识点 1】不回应

不回应（Nonresponse）是指不能从样本中的受访者身上取得数据。不回应发生的原因大致分为两种：第一种是联系不到受访者或者受访者回答问题时存在疏漏；第二种是受访者主观上不合作，从而导致数据遗漏。

案例中，电视台在对养生保健类节目进行前期调查时，遇到了"不回应"的问题。不回应的这部分人和做出回应的人究竟有没有显著不同，这是这类问题中必须引起思考的。

## 【知识点 2】如何降低不回应率

在调查过程中，要想降低不回应率，就需要做好以下几方面的工作。

（1）做好访问员培训。提高访问员的专业素养和沟通技巧，特别是敏感问题的提问方式。

（2）通过规范的操作、严格的流程设计等手段增强被访问者的信任感。

（3）在正式访问前，提前预约被访者。一是显得正式，二是让被访者提前安排好时间。

（4）物质刺激。适当地给予被访者一定的物质奖励。不能太多，否则会增加被访者因为利益驱动而导致数据偏差的可能性；也不能太少，否则起不到激励作用。

（5）再次访问。对于第一次联系不到或者拒绝的被访者进行第二次，甚至第三次访问，尽量联系到被访者。

（6）开发设计精良、界面友好的网络问卷和手机移动端问卷。

案例中，电视台的人在初步调查中遭遇了"不回应"的问题。为了降低"不回应率"，他们采取了再次回访的方式来联系第一次调查中遗漏的人。

不回应是抽样调查中遇到的最棘手的问题。随着信息时代的来临，忙碌的人们面对铺天盖地的问卷调查表现得越来越不耐烦。特别是现在个人信息泄露、诈骗的情况时有发生，人们就越来越担心形形色色的"调查"存在欺诈的可能性。这一切，都使得"不回应"问题变得越来越严重。

不回应会导致抽样结果的偏差，因为调查者对随机抽样中按计划抽到的却没有回应的人群一无所知，进而就产生了如下一系列问题。

（1）造成人们不回应的因素是随机的吗？

（2）如果不回应者相对回应者有所不同，那么这种不同是不是足够对结果造成一定的影响？

（3）怎样处理不回应者造成的缺失值？

案例生动地说明了在经常在家和经常不在家的人存在显著不同时，结果是如何产生偏差的。由于该电视台打入电话的时间均为工作日的上班时间，大部分上班族都不会在家，所以无法接听电话，客观上造成了"不回应"。而接听电话的人多为留守在家的妇女或者老人，而这类人群大多数是养生类节目的受众。如果不将这类上班族的意见考虑在内，那么可想而知，这个调查结果多么不可靠。

访问员应该如何处理这类无人接听电话的情况呢？最稳妥的办法就是换个时间接着打进去。一则，不违背抽样的随机性原则；二则，可以提高回应率，还能保证数据准确性，不额外引入偏差。

# 2.4 措辞的艺术——僧推/敲月下门

## 【案例】几字之差对民众支持率的影响

大洋彼岸的美国人是如何看待政府把大量的钱花在穷人身上的呢？调查结果显示，只有 13%的人认为政府花费了大量的金钱在"帮助穷人（assistance to the poor）"上，同时却有高达 44%的人觉得政府花了过度的金钱在"福利（welfare）"上。

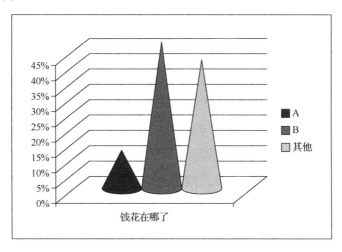

那么，位于欧洲西部、大不列颠岛的苏格兰人对苏格兰独立的看法又如何呢？调查显示，51%的苏格兰人投票支持"苏格兰独立（independence for Scotland）"，此为 A 调查。对比之下，在另一个类似的调查中却仅有 34%的苏格兰人赞同"一个从英国分裂出去的独立的苏格兰（an independent

Scotland separate from the United Kingdom）"，此为 B 调查。

从人们感知的角度来看，"帮助穷人"和"独立"是美好、充满正能量的词汇，而"福利"和"分裂"则是冷冰冰的，甚至有点负面意味的词语。由此可见，在用词上的一点点变化，可能就导致了民众不同的回复结果。

## 【知识点 1】响应误差

响应误差（Response Error）是与不响应误差相对应的一个概念。它是指在问卷调查的过程中，因为问题在问卷中所处的位置、提问问题的方式和访问员的个人影响而引入的误差。问题措辞不当是引入响应误差的一个常见因素。在上述两个案例中，列举的都是这个类型的误差，以及对结果造成的不良影响。

## 【知识点 2】有效性和可靠性

有效性（Validity）和可靠性（Reliability）是衡量问卷中问题质量的两

大重要指标。有效性，测量的是精度（Accuracy），即衡量问题是否成功地测量了它原来想要测量的东西；可靠性，测量的是一致性（Consistency），即衡量如果对同一个问题进行重复测量，其结果是否能够保持一致性。上述两个案例中，在问题设计时用词要么存在诱导性要么存在误解，从而影响了受访者答题的质量，使问卷的有效性和可靠性降低。

在问卷调查中，措辞的方式会影响调查的结果。问卷的设计者必须有像唐代诗人贾岛那样的精神，就"僧推月下门"还是"僧敲月下门"的问题反复推敲。问题的措辞，除了要满足语言简洁、主题突出、逻辑性强等要求之外，更重要的是不要使用有偏见性的、有倾向性的词语，而是要使用中立的词语。如果言语间流露出一定的诱导性，受访者就很难保持客观的态度，进而不可避免地引入另一类非抽样性误差。

问题的措辞也会影响调查的有效性与可靠性。有效性可以理解成"问了正确的问题"，它必须满足问题的正确性。可靠性指的是"以一种靠谱的方式问问题，每次都能得到靠谱的回答"。对于同一个问题，无论针对的是不是同一群人，提问多次得到的结果都相差不多，具有稳定性。有效性和可靠性的关系可以通过下面的图来反映。

（1）可靠，但无效

（2）不可靠，但有效

（3）不可靠，也无效

（4）可靠，且有效

# 2.5 大数据时代，当"样本"已成往事

享誉全球的大数据专家维克托·迈尔·舍恩伯格教授在其著作《大数据时代》中曾这样说过：

"当数据的处理技术已经发生了翻天覆地的变化时，在大数据时代进行抽样分析就像在汽车时代骑马一样。一切都改变了，我们需要的是所有的数据，'样本=总体'。"

对于所有的统计学家及接受过经典统计学知识的人来说，"总体取代样本"的观点是一场思维的变革，足以撼动他们根深蒂固的统计学神经。

## 【案例】Farecast，美国创业梦

Farecast 成立于 2003 年 1 月，曾是一家科技创业公司，得到风险投资公司的青睐。

它的创始人 Oren Etzioni 在一次乘坐飞机从西雅图到洛杉矶的旅途中

得到启迪，之后带领他的团队历时三年，开发了一套机票预测系统。通过对 900 多亿条的历史机票价格进行分析，进而预测未来 7 天内机票的价格走势和增降幅。

Farecast 开发的系统让航空公司损失数百万美元，却让广大客户得到了切切实实的好处。其中最具特色和独创性的就是 Fare Guard 最低价格担保模式：客人仅需支付 10 美元，如果在未来 7 天内机票价格上涨，该公司将为客人支付价格差；如果机票价格下降，客人将享受这笔额外节省出来的费用。

Farecast 的产品以迅雷不及掩耳之势被越来越多的人使用。微软看好它广阔的市场前景，最终以 1 亿美元的价格收购该公司。Farecast 是一个大数据公司的缩影，也是一个创业型公司创业成功的"美国梦"的缩影。他们的成功激励着无数后来者以其为榜样，不断探索符合大数据特点的数据处理方法，在创业的道路上特别是在大数据创业的道路上前赴后继。

## 【知识点】大数据的 4V 特征

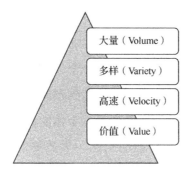

（1）大量（Volume）。在互联网时代，各种社交网络、电子商务和移动通信让人们每天沐浴在各种各样的数据海洋中，把人类带入了一个以"PB"为单位的新纪元。

（2）多样（Variety）。新型多结构数据导致了数据的多样性。数据来源可以是搜索引擎、社交网站、移动端记录等互联网数据，也可以是和物联网相关的传感器、控制器、机器数据等。

（3）高速（Velocity）。创建数据、储存数据、管理数据、分析数据，以及根据数据结果及时调整策略，以实时满足客户和市场需求。

（4）价值（Value）。对海量繁杂的数据进行充分挖掘之后，大浪淘沙，使它变成一种资源，像矿产、黄金和石油一样，熠熠生辉。

维克托教授旗帜鲜明地亮出了自己的观点，那就是，"在大数据时代，不要跟我提抽样！"他认为抽样技术和随机样本都是特定时代的历史产物。在收集、储存和处理数据的工具尚没有高度发达的年代，人们需要通过分析少量的信息来获取对世界的尽可能多的认知。这是抽样的精髓，也是统计的要义，也符合少量投入获得尽可能多的产出的经济学原理。而在大数据时代，信息极度膨胀，人们也有了更快、更好地处理数据的能力，所以样本已经过时。

我们该如何看待这个问题呢？

统计需要依赖样本来洞察总体，对于这个总体在抽样之前就有明确的定义。但在大数据的概念下，"总体"的概念被弱化。大数据分析强调的是对个体特征的分析，如个体搜索行为、个体购买行为、个体社交行为，通过对这些个体行为的大量观测和分析达到预测行业趋势的目的。当然，数据再大，也不可能百分之百覆盖到所有个体的行为。由此可见，大数据时代的抽样掌握了更多、更全面的信息。大数据的使用者相信，它更接近事实。

还可以从另一个角度来看待此问题。科学研究可以分为问题导向性研究和方法导向性研究两大类。问题导向性研究是指在实践中发现问题，然后想办法去解决它。有关大数据处理的基本上都是这类问题：有了问题，向数据要答案。而方法导向性研究侧重方法论的研究，先发展一套成熟的理论，然后再挖掘它的应用。统计中的抽样分析就有着成熟完备的理论，强调随机性，笃信再大的局部可能不如随机抽样有代表性。

退一步来说，就算不把大数据看作抽样抽出来的样本，我们也会发现抽样在数据探索阶段的一些应用。比如，在 ETL（Extract-Transform-Load）过程中，抽样是必不可少的，不然就无法保证大数据的质量。另外，在数据量过大、计算能力暂时跟不上、读取和处理数据耗时太久时，是不是该考虑更为传统却更加简便实惠的抽样呢？

大数据本身就是一种抽样，一种样本量巨大、更接近"真相"的抽样。事实上，大数据和统计、大数据和抽样的存在并不矛盾，并且在未来很长一段时间内，二者需要共存。

# 第 3 章

**3**

## 描 述 数 据

伟大诗人闻一多先生在他的杂文《兽·人·鬼》的开篇中这样写道："刽子手们这次杰作，我们不忍再描述了，其残酷的程度，我们无以名之，只好名之曰兽行，或超兽行"。文人用笔墨描述世界，文字间画人画骨画心，世间百态，尽收眼底。

描述，语义是描写叙述，指运用各种修辞手法对事物进行形象化的阐述。万般皆是法。事物的道理总是相同的。在统计学中，也有一系列方法可以对数据进行形象的阐述。它们可以使人们在面对大量数据产生茫然的时候能够迅速提炼出有用信息，以一种直接、感性的方式勾勒出隐藏在冷冰冰的数据背后的内涵。

# 3.1 均值——可能会说谎的天平

## 【案例1】中关村创业者平均年龄39岁

在互联网时代,中关村就像一列开往春天的地铁,吸引着越来越多的年轻创业者搭载着它去追逐创业梦。在来来往往的人中,有的人成功了,有的人失败了。这不重要,重要的是,中关村的创业梦是中国梦的缩影,代表着中国年轻一代创新的智慧、信心和勇气。

中关村管理委员会发布的《中关村国家自主创新示范区创业发展报告(2012)》显示,2011年中关村创业者的平均年龄为39岁。样本量为11 872位创业者,比例分布:30岁以下占15%,30~34岁占15%,35~44岁占40%,45岁以上占30%。可以看出,除了45岁以上优秀成熟的创业者之外,创业队伍年轻化也是一种趋势。

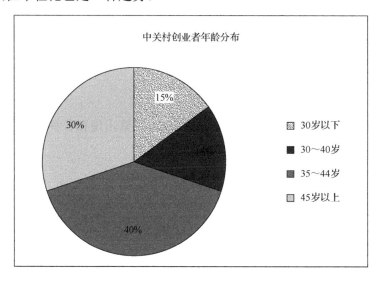

报告中详细叙述了中关村各个年龄段创业者的占比，并给出了所用创业者的年龄均值，让人们从宏观层面有了一个总体的认识（中关村创业者普遍比较年轻），又从微观方面对创业者年龄分布有了一个具体了解。

# 【案例2】令人"啼笑皆非"的统计局数据

国家统计局曾在 2011 年公布：全国人均月居住支出为 111 元。在考虑到当时房价的情况下，这个数据已经远远超出了人们可以理解的范围。原来，这个平均数基于这样一种前提：不包括购建房支出和自有住房虚拟租金。这时，人们才恍然大悟，原来平均 111 元的月居住支出是这样计算来的。

这个案例告诉人们，统计局的计算均值是通过排除了某些特殊值而计算得到的。计算本身没有任何问题，但却说明均值有时具有欺骗性，会掩盖掉一部分问题，因此在看到统计报告时我们要多问几个为什么。

# 【知识点】均值计算

像案例 1、案例 2 那样，均值（Mean）频繁出现在各种媒体的报告甚至官方的报告中。它的计算方式非常简单。

假如有 $n$ 个观测值 $x_1, x_2, \cdots, x_n$，它们的均值称作 $\bar{x}$，是通过所有观测值相加除以观测值个数得到的。

$$\bar{x} = \frac{x_1 + x_2 + \cdots + x_n}{n}$$

　　均值是人们最熟悉的一个高度概括数据的指标，反映数据集中趋势，给读者一个关于这些数据的大概认识。

　　求均值的过程，信息会被浓缩。中关村创业发展报告中总结出中关村创业者的平均年龄为 39 岁。仅凭这个数据，我们只能有一个非常模糊的感性认识：中关村创业者基本徘徊在中年不足、青年有余的这样一个年龄阶段。仔细分析报告才会发现更详细的一些信息：原来 34 岁以下的年轻创业者和 45 岁以上的成熟创业者占了五分之三。

　　均值除了具有浓缩信息的特点之外，还具有十分敏感的特点。我们可以把均值看作数据的中心。就好像一个天平，在天平两端放上各种观测值，摇摇晃晃中会达到平衡。天平两端任何一个值的改变，这个平衡点就会随之改变。案例 2 中统计局把购建房支出和自有住房虚拟租金这两项重要支出排除后，得出来的月支出均值自然很小。特别是当数据中存在一些极端值时，这种敏感性就体现得特别明显。

　　统计学家从不迷信平均数，相反，他们一直都告诫大家要警惕"平均数陷阱"。他们经常用来自嘲的例子是这样说的：一位笃信平均数的统计学家在渡过一条平均水深为 0.5 米的河时，淹死了。为什么呢？因为他没有注意，河水最深的地方有 2 米。

# 3.2　寻找中位数

## 【案例 1】腾讯笔试题：大数据量寻找中位数

　　腾讯公司已成为中国互联网时代的翘楚，在点滴间改变着中国人的日常生活方式。腾讯凭借着自身独特的企业文化和优厚的待遇，一直是很多 IT 技术人员梦寐以求的公司。其中，严格的人才选拔机制是其制胜的关键一环。

在 2008 年，腾讯招聘笔试中就有这样一道题目：只有 2GB 内存的 PC，有一个存有 10G 个整数的文件，从中找到中位数，写一个算法。网友给出了一些关于这道题的解题思路，其中被普遍认可的就是借鉴桶排序思想而给出的算法，大体思路如下：

（1）假设一个整数是 32 位无符号数。

（2）第一次扫描把 $0 \sim 2^{32} - 1$ 分成各个区间，记录各个区间的整数数目。

（3）找出中位数具体所在区间 $2^{16} * i \sim 2^{16} * (i+1) - 1$。

（4）第二次扫描则可找出中位数。

题目所指的中位数是一个数学上的概念，简单地说就是把一列数按照从小到大的顺序依次排列，然后找到中间的那个数。

# 【案例2】淘宝卖家评分体系

淘宝为保障买家的合法权益，建立了卖家评分系统。在每次交易完成后，买家有权利对淘宝店铺的服务及产品质量等方面做出评价，这个评价体系会直接影响其他买家对该店铺的印象和购买。这个评价体系从以下四个方面来衡量，即描述相符、服务态度、发货速度及物流服务。它们分别用 5 颗星来打分，1 颗星代表最差，5 颗星代表最好，如下图所示。

假设有 4 个买家对该宝贝进行了评价。为方便记录，用数字 1～5 代表 1 颗星到 5 颗星。4 个买家对店铺的总体评分用均值和中位数分别表示在下表中。

| 给店铺评分 | | | | | 均 值 | 中位数 |
|---|---|---|---|---|---|---|
| 淘宝买家 | 描述相符 | 服务态度 | 发货速度 | 物流服务 | | |
| 小兔图 jj | 1 | 1 | 1 | 5 | 2 | 1 |
| 诗诗 love1314 | 2 | 1 | 2 | 3 | 2 | 2 |
| Macui | 5 | 5 | 1 | 5 | 4 | 5 |
| 天**h | 4 | 4 | 5 | 3 | 4 | 4 |

中位数和均值一样，都能代表一组数的中心，但中位数比均值更稳定，更不容易受极端值的影响。

# 【知识点1】求取中位数

中位数是一个分布的中间点，可将数值集合划分为相等的上下两部分，使得一半观测值比它大，一半观测值比它小。中位数是如何计算的呢？

（1）把所有观测值按照从小到大的顺序依次排列。

（2）如果观测值总数 $n$ 是奇数，那么 $M$ 就是这个从小到大的序列中的中间一个值。从最小的一个值开始数，数到第 $(n+1)/2$ 位置就是中位数。

（3）如果观测值总数 $n$ 是偶数，那么 $M$ 就是这个从小到大的序列中的中间两个值的均值，即第 $n/2$ 和第 $n/2+1$ 个数的平均值。

案例1中腾讯公司的笔试题虽然是一道编程题，需要比较复杂的算法，但是求取中位数的原理却是一样的，即数出一列从小到大的数中位于中间的那个。案例2中的淘宝评价体系可以用一个中位数概括4个指标的水平，代表某家店铺的总体优劣。建立一个基于这个中位数的指标，就能为其他的买家提供参考。

# 【知识点2】四分位数

所有观测值按照从小到大的顺序排列并分成四等份，处于三个分割点位置的数值就是四分位数：$Q_1$，$Q_2$ 和 $Q_3$。

- $Q_1$：第一四分位数，又称为"较小四分位数"，是将所有观测值从小到大排列后第25%的值。

- $Q_2$：第二四分位数，又称为"中位数"，是将所有观测值从小到大排列后第 50%的值。

- $Q_3$：第三四分位数，又称为"较大四分位数"，是将所有观测值从小到大排列后第 75%的值。

这三个分位数可以在一张统计图中体现出来，就是盒图（boxplot），它可用来表示数据的离散的分布情况。

中位数和均值一样，都是反映数据集中趋势的指标。和均值不同的是，中位数利用的是一组数的排序，强调了"顺序"的作用，自然就弱化了"值"的作用。中位数的优点是对这组数中的极端值（极大值和极小值）不敏感，从而在某种程度上提高了它对于整组数列的代表性。在求中位数时，只需要较少的计算量，这在大量数据的情况下是极具优势的。

当然，一枚硬币总有正反两面。中位数是把一组观测值按顺序排列后利用中间的值所计算出来的数。它只利用了中间值，其他值都没有被充分利用。因此，它具有信息利用不充分的缺点。这种只利用顺序而忽略值的特点和非参数统计中的某些方法相似。当然非参数统计也同样被诟病其在使用过程中存在信息流失。

那么，我们在调查过程中，究竟应该选择均值还是中位数呢？最具科学的判断是基于实际情况做出来的。但在现实生活中，一知半解的人，甚至是精通统计学知识的"专家"也总是会倾向做出对自己更有利的选择，尽管这个选择有失公允。比如，某公司统计职工工资。由于大多数普通员工工资水平差不多，只有极少数高管的工资非常高，所以工资的均值肯定比中位数大。但是，该公司为了让其待遇看上去更高，就用均值来描述工资水平，尽管在这种情况下，中位数更合理。

最后，具体通过一个例子来看中位数和其他两个分位数是怎样计算的。

假设某市 10 月份上半月最高气温按从低到高的顺序排列如下（单位：℃）。

| 1 | 1 | 3 | 4 | 4 | 6 | 12 | 14 | 15 | 15 | 16 | 17 | 23 | 24 | 24 |
|---|---|---|---|---|---|----|----|----|----|----|----|----|----|----|
|   |   |   | ↑ |   |   |    | ↑  |    |    |    | ↑  |    |    |    |
|   |   |   | $Q_1$ |   |   |    | $M$  |    |    |    | $Q_3$  |    |    |    |

该市 10 月份下半月最高气温按从低到高的顺序排列如下（单位：℃）。

| 1 | 1 | 1 | 2 | 2 | 4 | 5 | 8 | 11 | 11 | 13 | 15 | 18 | 20 | 21 | 21 |
|---|---|---|---|---|---|---|---|----|----|----|----|----|----|----|----|
|   |   |   | ↑ |   |   |   | ↑ |    |    |    | ↑  |    |    |    |    |
|   |   |   | $Q_1$ |   |   |   | $M$ |    |    |    | $Q_3$  |    |    |    |    |

上半月共 15 天（奇数），分位数和中位数可以直接数出来，如表中所示分别是 4℃、14℃和 17℃。

而下半月共 16 天（偶数），第一分位数 $Q_1$ 是第 4 个和第 5 个观测值的均值；中位数是第 8 个和第 9 个观测值的均值；第三分位数 $Q_3$ 是第 12 个和第 13 个观测值的均值，计算如下：

$$Q_1 = \frac{2+2}{2} = 2$$

$$Q_2 = M = \frac{8+11}{2} = 9.5$$

$$Q_3 = \frac{15+18}{2} = 16.5$$

从计算结果中可以看出，下半月比上半月的气温低。

# 3.3 标准差、标准误，傻傻分不清楚

## 【案例1】均值-方差证券资产组合理论

20 世纪初期，金融市场，特别是证券市场在西方发达国家如雨后春笋般迅猛发展。为了适应金融资产的多样性，各种投资理论应运而生。其中，均值-方差证券资产组合理论创造性地应用资产价格历史数据的方差作为量化风险的指标。

方差给出的范围是围绕着收益均值正反两个方向波动的。因此，它作为衡量风险的指标挑战着当时人们的传统观念：当时人们只把投资收益下降所带来的损失的可能性看作"风险"。然后，专家已经从理论上证明收益的概率分布（之后的章节会详述这个概念）是对称的。基于这个假设，方差就能够有效地衡量风险。在当时的条件下，把预期收益率和潜在风险结合起来指导投资者的投资行为，是一种新的尝试和突破。

案例中的方差其实是样本方差，用来表示数据的波动。

## 【案例2】语文成绩调研

某市教育局为了测试语文新教材在教改中发挥的作用，到某重点高中进行调研。该校共有在校生 1 000 人，调研组随机抽取 50 个学生，用样本中学生的最近一次期末考试的语文成绩来估算全校所有学生的语文成绩。根据抽得的样本求出样本均值和标准差。

为了得到更精确的信息来为进一步决策提供数据支持，调研组本着科学、求真的精神，反复进行了 10 次抽样，即抽取 10 个样本，每个样本都含有 50 个学生，每个样本都可以求出一个均值。这样，他们就得到了 10 个由均值组成的数列，然后用计算标准差的方法算这 10 个均值的"标准误"。此刻，标准差=标准误。然而，在实际调研中，往往不可能随心所欲地抽取 10 个样本，而只能进行 1 次抽样，这时候标准误就不等于标准差。

标准误和标准差的区别是，标准误用来衡量抽样误差。均值的标准误比观测值的标准差小（因为除了一个 $\sqrt{n}$ ）。

# 【知识点 1】标准差

在国家计量技术规范中，标准差的正式名称是标准偏差，简称标准差（Standard Deviation），用符号 $\sigma$ 表示。标准差是最常用的偏差之一，用来测量观测值和均值之间的"平均距离"，以便说明观测值与均值相差多远。它可以通过下表的公式计算。

| 观 测 值 | 差 | 平 方 |
|:---:|:---:|:---:|
| $x_1$ | $x_1 - \bar{x}$ | $(x_1 - \bar{x})^2$ |
| $x_2$ | $x_2 - \bar{x}$ | $(x_2 - \bar{x})^2$ |
| $x_3$ | $x_3 - \bar{x}$ | $(x_3 - \bar{x})^2$ |
| ... | ... | ... |
| $x_n$ | $x_n - \bar{x}$ | $(x_n - \bar{x})^2$ |
| 和 | 0 | $\sum\limits_{i=1}^{n}(x_i - \bar{x})^2$ |

进而得到样本标准差的公式：

$$s = \sqrt{\frac{1}{n-1}\left((x_1 - \overline{x})^2 + (x_2 - \overline{x})^2 + \cdots + (x_n - \overline{x})^2\right)}$$

其中 $n$ 为观测值个数，$x_1, x_2, \cdots, x_n$ 为观测值，$\overline{x}$ 为样本均值。

案例 2 中教育局在对某校的语文成绩进行调研时，求取标准差用的就是这个公式。

# 【知识点 2】标准误

在抽样中，常用到样本平均数的标准误，简称标准误（Standard Error）。标准误是多个样本均值的标准差，用来衡量抽样误差的大小。人们习惯用样本均值来推断总体均值，那么样本均值的离散程度越大，抽样误差就越大。

假设有 $m$ 个样本，每个样本都有一个均值，共 $m$ 个均值，即 $\overline{x}_1, \overline{x}_2, \cdots, \overline{x}_m$，而它们的总体均值为 $\overline{x}_{总} = (\overline{x}_1 + \overline{x}_2 + \cdots + \overline{x}_m) / m$。均值的标准误可以通过下表中的公式求得。

| 样本均值 | 差 | 平　方 |
|---|---|---|
| $\overline{x}_1$ | $\overline{x}_1 - \overline{x}_{总}$ | $(\overline{x}_1 - \overline{x}_{总})^2$ |
| $\overline{x}_2$ | $\overline{x}_2 - \overline{x}_{总}$ | $(\overline{x}_2 - \overline{x}_{总})^2$ |
| $\overline{x}_3$ | $\overline{x}_3 - \overline{x}_{总}$ | $(\overline{x}_3 - \overline{x}_{总})^2$ |
| ... | ... | ... |
| $\overline{x}_m$ | $\overline{x}_m - \overline{x}_{总}$ | $(\overline{x}_m - \overline{x}_{总})^2$ |
| 和 | 0 | $\sum_{j=1}^{m}(\overline{x}_j - \overline{x}_{总})^2$ |

$$s.e.(\overline{x}) = \sqrt{\frac{1}{m-1}\left(\left(\overline{x}_1 - \overline{x}_{总}\right)^2 + \left(\overline{x}_2 - \overline{x}_{总}\right)^2 + \cdots + \left(\overline{x}_m - \overline{x}_{总}\right)^2\right)}$$

但在现实生活中，如果只能抽样 1 次，就需要用下面的公式来估计标准误：

$$s.e.(\overline{x}) = \frac{s}{\sqrt{n}}$$

其中，$s$ 是样本标准差。

标准差用于表示数据的分散程度。假设有如下 4 组数据，把它们画在下图中。

（a）7　7　7　7　7　7　7　　　　　（b）6　6　7　7　7　8　8

（c）4　4　5　7　9　10　10　　　（d）4　4　4　7　10　10　10

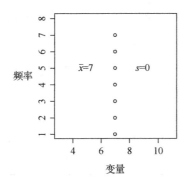

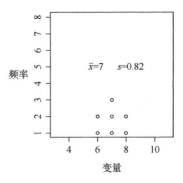

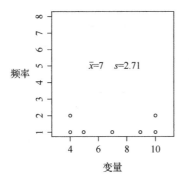

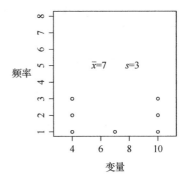

尽管 4 组数据的均值都是 7，但标准差各不相同。第一组数据中所有观测值都等于样本均值，数据高度集中，没有任何离散，所以标准差为 0。从其余的三张图中可以看出，数据越分散，标准差越大。

在金融市场中，标准差可用来表示潜在的风险。在案例 1 中，均值-方差证券资产组合理论的核心理念是在投资过程中把预期收益和风险结合起来考虑，而不是像之前的投资理论那样把收益最大化作为决策的标准。投资，就是"Hope for the best，plan for the worst"。我们要引以为戒，不能像前面提到的"统计学家"那样淹死在均值为 0.5 米深的河里。在比较选择投资哪个证券时，除了看收益均值，还要看风险大小。一般情况下用收益率的标准差来表示，标准差越大，意味着偏离收益均值越大，也就是波动大、不稳定，该证券风险越大。

标准差和标准误是两个极其容易混淆的概念，即使是资深的统计学专家，也不能保证百分之百准确地说出两者之间的区别。标准误用来衡量抽样误差。从两者的公式对比中可以看出，均值的标准误比观测值的标准差小（因为除了一个 $\sqrt{n}$ ）。这不难理解，均值理应比观测值本身更稳定。标准差和标准误的最大区别在于：只需要一个样本就能计算出标准差，但却需要多个样本才能计算出标准误。

# 3.4  数据可视化——"云想衣裳花想容"

当年，诗仙用"云想衣裳花想容"那样曼妙的诗句形容杨贵妃的绝世容颜。自从进入大数据时代后，数据可视化技术如同给数据穿上了一件美丽的外衣：它不再羞于人前，而是毫不吝啬地把它的绝代风华和世人分享。

数据可视化作为一种表现大量、高速运转数据的方法，以一种必然潮流的姿态走进人们的视野。

# 【知识点 1】什么是数据可视化？

数据可视化（Data Visualization）是指合理运用图形的特点，包括形状、色彩、对比度、大小等，让人们更快、更直接地认识数据的特征。如今，数据呈几何级爆炸式增长，更高、更快、更强的算法也应运而生。人们有需求，也有能力将海量复杂多源的动态数据，以一种更人性化、更优美的方式表现出来。数据可视化的最终目的是通过可视化处理，能够明确、有效地传递信息。

# 【知识点 2】数据可视化的主要应用

目前，数据可视化得到了广泛的应用，具体如下：

（1）展示和传递信息。对繁杂的原生态信息进行收集、归纳、分类和分析，从中提炼出最有用的部分，并以准确、生动、令人愉悦的形式展示出来，让人们从中获得启示。

（2）数据挖掘。从海量、多维、高速运转的数据海洋中，通过计算机手段进行可视化分析，进而提取关键信息，并寻找关联性。

# 【知识点 3】数据可视化的工具

（1）入门级：人生若只如初见。

Excel：如邻家小妹一样清新、亲切的入门工具。普及率高，但图形样式有限，非专业水平。

（2）在线工具：众里寻他千百度。

- Google Chart API：只提供动态图标，功能完备，并且 Google 风格浓郁。

- Flot：线框图表库，支持几乎所有主流的浏览器。

- Raphaël：创建图表和图形的 JavaScript 库，可生成矢量格式，分辨率好。

- D3：能够提供大量除线性图和条形图之外的复杂式样，但效果花哨，应当注意保持简约。

（3）互动图形用户界面控制：春江水暖鸭先知。

- Crossfilter：当调整图表中的输入范围时，相关图表的数据也会随之改变。

- Tangle：模糊了内容与控制之间的界限，读者可以调整输入值获得相应数据。

（4）地图工具：溯洄从之，道阻且长。

- Modest Maps：最小的可用地图库，主要负责提供一些基本的地图功能。

- Leaflet：小型化、轻量化的地图框架，主要满足移动网页的需要。

- OpenLayers：可靠性很高，并且能够提供一些其他地图库没有的特殊工具。

- CartoDB：擅长把表格数据和地图联系起来，可以免费生成五张地图数据表。

（5）专家级：独上西楼，望尽天涯路。

- R：拥有强大的社区和组件库，而且还在持续不断更新，绝对物超所值。

- Weka：想成为数据科学家的必备，可将数据可视化扩展到数据挖掘领域。

数据可视化，代表了一种跨界相习的精神。有太多理科背景的人在玩数据，他们往往理性、严谨有余，但创造力、想象力和审美能力不足。虽然数据可视化是手段，核心还是数据所包含的信息量，但我们还是期待更多科学和艺术的碰撞，给数据披上云霞般的衣裳，让它笑靥如花，展现出数据独有的美和魅力。

庆幸的是，技术的迅猛发展让"数据可视化"这个概念不再"居庙堂之高"，这门技术也不仅仅是掌握在个别计算机专家和设计师手中的"武功秘籍"，借助各种工具，可视化过程变得越来越易于操作。

# 第 4 章

## 正态 "女神"

在统计学的 "奥林匹斯山" 上，她如同一位沉睡在神殿里的女神，智慧的光芒无处不在，掌握着纷繁数据背后隐藏的规律。她似乎也在启示着人们这个纷繁世界背后隐秘的某些禁忌和深入的思考：任何事物都存在着分布不均匀的特征，比如财富、资源，而这种差异的背后又暗含着一致性。

这位 "女神" 就是正态分布。

正态分布，也称为常态分布，是一种概率分布，广泛存在于自然界、人类社会的各种现象中。比如，美国著名的心理学家 Richard J. Herrnstein 在《正态曲线》一书中就提到人类的智力服从正态分布。

正态分布几乎是所有统计学家共同的 "初恋情人"。著名统计学家高尔顿（举世闻名的达尔文的表弟）对正态分布就有着浓郁的 "初恋情结" 和宗教般的信仰："我几乎不曾见到像正态分布这样能激发人们无穷想象的宇宙秩序"。

也有人说，正态分布的公式属于世界上最美数学公式的 TOP10。从笔者个人的审美角度来说，也觉得正态分布的钟形曲线（Bell Curve）犹如女神柔美绰约的体态曲线，均匀对称，极富线条的美感。

当然，要揭开"女神"的面纱，一睹她的绝代风华，需要有深厚的概率论基础。

# 4.1 期望——量化你的预期

## 【案例1】掷骰子和伯努利试验

连续掷一个质地均匀的骰子两次，问两次均掷出6点的概率是多少？

一个骰子只能掷出6种情况，即1～6点，质地均匀的意思是掷出每个点数的可能性都一样。每掷一次成为一次"试验"，每次试验都只有两种结果：要么出现6点，要么不出现。将骰子连续掷两次，每次结果独立，互不干扰，并且每次出现6点的概率都一样。这就是一个伯努利试验。

列举两次试验结果的所有可能性如下：

$$（1,1）（1,2）（1,3）（1,4）（1,5）（1,6）$$

$$（2,1）（2,2）（2,3）（2,4）（2,5）（2,6）$$

$$（3,1）（3,2）（3,3）（3,4）（3,5）（3,6）$$

$$（4,1）（4,2）（4,3）（4,4）（4,5）（4,6）$$

$$（5,1）（5,2）（5,3）（5,4）（5,5）（5,6）$$

$$（6,1）（6,2）（6,3）（6,4）（6,5）（6,6）$$

从这个分布中可以看出，连续两次出现 6 点的概率是 1/36。伯努利试验和二项分布息息相关。二项分布是一类十分重要的离散分布，离散分布是概率分布的一种。概率分布除了离散型分布，还有连续型分布。在接下来的知识点中会详细介绍概率分布。

## 【案例 2】赌场就是概率场

20 世纪八九十年代中国香港的影坛，《赌神》《赌圣》《赌侠》等以赌博为题材的电影中云集了那个时代著名的影星，如周润发、刘德华、周星驰、张敏、梅艳芳等。虽然赌博这个古老的行业在现代的中国是不合法的，但这些影片也为好奇的观众揭开了赌场神秘的一角。

对于赌徒来说几乎无人能逃脱 "十赌九输" 的魔咒，而开赌场的几乎没有亏本的。这并不排除赌场 "出老千" 的伎俩，但更主要的是赌场深谙概率论。统计学原理决定了赌场是更占优势的一方，而且赌客越多，赌场就越不容易输。

如何来理解这个事实呢？下面让笔者坐庄，我们一起来 "赌一局"。

100 元赌一把，有 14 张牌，其中有一张是 KING。如果谁抽中了 KING（成功），庄家就赔他 1 000 元；如果没有抽中（失败），他那 100 元就给庄家了。

这么赌，作为庄家的笔者究竟占了怎样的优势呢？抽之前结果未知，只知道抽中 KING 的概率是 1/14，而抽不中的概率是 13/14。只开一局，要么抽中赢 1 000 元，要么抽不中输 100 元。但如果一个倔强的赌徒，坚持不懈地赌成百上千局，那么又会呈现怎样的结果呢？

这就必须引入一个叫作 "期望（Expectation）" 的概念，可以简单地理解为某个时间在大量重复的情况下的平均情况。如果把抽中和抽不中的情况结合起来，那么赌徒的"期望"是多少呢？

$$1\,000 \times \frac{1}{14} + (-100) \times \frac{13}{14} = -21.43$$

这意味着，如果赌徒玩了很多局，平均下来他还是输了大概 21 元。要是庄家设定抽中赔 1 300 元，那么赌徒的期望值就是 0，平均下来他不输不赢。要是抽中 KING 赔 1 400 元，那么赌徒的期望值就是 100/14，对赌徒有利。如果一直玩下去，赌场就会亏本，庄家当然不会这样设计赌局规则了。

在笔者上大学时，有位教概率论的老师，其年轻时在国外某赌场工作过。他说："哪有那么多"赌神""赌圣""赌侠"，哪有那么多靠赌博一夜暴富的人。"懂得统计学的人都知道，其实赌场会把赌徒的期望永远都调为负值，按照这个期望，让自己始终保持赚钱的地位。

案例中已经告诉读者期望是什么，以及离散变量的期望如何求取、如何解读。除了离散变量，连续变量也很重要。此外，除了衡量变量平均水平的期望之外，还有衡量变量偏离均值波动程度的方差。期望和方差从两个维度全面衡量一个变量。

# 【知识点 1】概率分布

随机变量的概率分布有离散型和连续型两种。

1）离散型概率分布

离散型随机变量 $X$，在 $n$ 次试验中的所有取值的可能性和其对应的概率如下。

| 可能的结果 | $x_1$ | $x_2$ | ... | $x_i$ |
|---|---|---|---|---|
| 对应的概率 | $p_1$ | $p_2$ | ... | $p_i$ |

变量 $X$ 的取值为 $x_i$（$x_i = 1, 2, \cdots, n$）时对应的概率 $p_i$ 被定义为

$$P(X = x_i) = p_i$$

其中 $i = 1, 2, \cdots, n$，由于概率不能为负，所以 $p_i \geqslant 0$；所有可能加起来为 1，即 $\sum_{i=1}^{n} p_i = 1$。

2）连续型概率分布

连续型随机变量（如价格、身高等）的概率分布其取值可能是不可数的，不能像案例 1 中那样一一列举。连续型随机变量 $X$ 在某个区间内取值的概率用 $P(a \leqslant x < b)$ 来表示：

$$P(a \leqslant x < b) = \int_a^b f(x) \mathrm{d}x$$

其中 $\int_a^b$ 是积分符号，$f(x)$ 是 $X$ 的概率分布密度函数，决定连续型随机变量的概率。分布函数 $f(x)$ 完全刻画了连续型随机变量取值的概率规律。

# 【知识点 2】期望

对于离散型随机变量 $X$，它全部可能的取值是 $x_1, x_2, \cdots$，相应的概率是 $p_1, p_2, \cdots$。在次数不多的试验中，试验的均值是随机的。但如果试验进行很多次（趋近于无限），均值则趋近于随机变量 $X$ 的数学期望：

$$E(X) = \sum_{k=1}^{\infty} x_k p_k$$

对于连续型随机变量，它的期望依赖于概率分布函数 $f(x)$，其计算公式为

$$E(X) = \int_{-\infty}^{\infty} x \cdot f(x) \mathrm{d}x$$

期望的如下良好性质被经常使用：

- 若 $c$ 为常数，则 $E(c) = c$。

- 若 $k$ 为常数，则 $E(kX) = kE(X)$。

- $E(X_1 + X_2 + \cdots + X_n) = E(X_1) + E(X_2) + \cdots + E(X_n)$。

- 若 $X$，$Y$ 相互独立，则 $E(X \cdot Y) = E(X)E(Y)$。

案例 1 中所提及的伯努利试验，设 $X$ 表示 $n$ 次试验中成功的次数，$X = \sum_{i=1}^{n} X_i = X_1 + X_2 + \cdots + X_i$，其中 $i=1,2,\cdots,n$，$X$ 服从参数为 $n$, $p$ 的二项分布，即

$$X \sim B(n, p)$$

其中，

$$X_i = \begin{cases} 1 & \text{如果第}i\text{次成功} \\ 0 & \text{如果第}i\text{次失败} \end{cases}$$

定义"成功"对应的概率为 $P(X_i=1)=p$，"失败"的概率为 $P(X_i = 0) = 1 - p$，因此根据离散变量期望的公式，可以求得二项分布为

$$E(X) = E\left(\sum_{i=1}^{n} X_i\right) = \sum_{i=1}^{n} E(X_i) = np$$

# 【知识点 3】方差

方差（Variance）用来衡量随机变量和它的期望之间的偏离程度。在实践中，方差非常重要。当数据分布比较分散时，各个样本偏离期望的程度就越大，数据波动越大，方差也就越大；当数据分布比较集中时，数据的波动就越小，方差也就越小。方差的常用公式如下：

$$\mathrm{Var}\left(X\right) = E\left[\left(X - E\left(X\right)\right)^2\right]$$

有时候也用如下公式计算：

$$\mathrm{Var}\left(X\right) = E\left(X^2\right) - \left[E\left(X\right)\right]^2$$

下面就用这个公式来计算案例1中伯努利试验产生的二项分布的方差：

$$\mathrm{Var}\left(X\right) = np\left(1 - p\right)$$

概率分布用来描述随机变量取值的概率规律。

本书第 1 章引入了概率和随机变量的概念。概率表示一次试验中某一个结果发生的可能性。但若要全面了解事情的统计规律，就一定要知道试验的全部可能的结果及各种结果对应的概率，这就是说，需要了解随机试验的概率分布。这里也是分两种情况来讨论的，即离散型变量和连续型变量。

随后引入了期望和方差的概念。期望和方差作为衡量随机变量分布特征的两个重要度量也是将要讨论的正态分布的两个重要参数，它们对于读者更好地理解正态分布这个最重要的连续型分布十分重要。

# 4.2 大数定律——为什么十赌九输

## 【案例1】澳门风云

波谲云诡的澳门成就了一代"赌王"——何鸿燊。

何鸿燊在接手葡京赌场之后，事业如日中天。何鸿燊居安思危，请了最好的风水师来把赌场设计成"吸金"的风水局，可他还是不放心，担心来赌钱的人如果一直输，就没有人再来了，那么赌场就面临关门大吉的局面。

他带着这个问题去请教"赌神"叶汉。叶汉点起一根雪茄，不急不慢地说道："这世界每天都死人，你可见这世上少人？"

"赌神"的回答一语道出了统计学中的一条黄金定律——大数定律。

上述揭示了，赌场就是一个血淋淋的"概率场"。

又有一天，一位迪拜王子挑战"赌王"。王子说：我们就玩一把掷硬币。如果是正面朝上，我给你100亿美元；如果是反面朝上，你的赌场归我。

"赌王"听后笑了，然后他抖了抖雪茄上的烟灰，温和地说道："这个游戏固然公平，但不符合我们赌场的规矩。如果你有兴趣一试身手，我们不妨玩掷骰子，1 000下定胜负。我赢了，只收你50亿美金；你赢了，我的赌场归你"。

"赌王"清楚地知道大数定律对于赌场的意义。

开赌场最讨厌 "一锤子买卖"，特别是遇到像王子这样一掷千金的 VIP。相反，赌场最欢迎的是斤斤计较、想来赌场碰碰运气的人。他们虽然玩的金额小，却构成了赌场最需要的庞大基数，能给赌场带来稳定收益。他们就是赌场大数定律中的 "大数"。

相反，一个赌注巨大的超级赌客却有导致赌场收益大幅震荡的风险，甚至导致 "赌王" 倾家荡产。

"赌王" 当然不会让这样的悲剧发生。

几乎世界上的所有赌场都心有灵犀地设定最高投注的限额。这样，即使在最不幸运的情况下，也不会令赌场亏得太多，大数定律依然有效。

## 【案例 2】谁会是被骗的人

有时候，在各种不知情的情况下人们的个人信息被莫名其妙地泄露。于是铺天盖地的骚扰、诈骗短信、盗号等不停地骚扰着人们的生活，只要你有手机、电话、电脑，就注定无处可逃。

有时候，人们不禁会质疑，这种像无头苍蝇一样碰运气的骗子，用这种愚蠢、低级的骗术，真的会有人上当吗？

但骗子的行为却符合 "大数定律"：只要发出的诈骗短信量足够大，上当受骗的概率就会稳定在某个值附近做极小的波动。

有人曾做过这样一个有趣的统计：每发出一万条这样的诈骗短信，受骗的人就有七八个，非常稳定。

人过一百，形形色色。人群中的个体千差万别，但一些反映群体的平均特征总会在一个相对稳定的范围内保持波动。不要不信，这就是大数定律在起作用。

# 【知识点】大数定律

大数定律（Law of Large Numbers），又称为大数定理或大数法则，是一种描述当试验次数很大时所呈现的概率性质的定律。

大数定律有一些不同的外在表现形式，其中比较重要的一种是切比雪夫大数定理。

设 $x_1, x_2, \cdots, x_n$ 是一列两两互不相关的随机变量。若它们的方差满足 $\mathrm{Var}(x_k) \leqslant c$，$k = 1, 2, \cdots, n$，那么，对于任意小的正数 $\varepsilon$，下面的关系成立：

$$\lim_{n \to \infty} P\left( \left| \frac{1}{n} \sum_{k=1}^{n} x_k - \frac{1}{n} \sum_{k=1}^{n} E(x_k) \right| < \varepsilon \right) = 1$$

在重复次数足够多的条件下，随机事件往往呈现几乎必然的统计特性。大数定律是以确切的数学形式表达了大量重复出现的随机现象的统计规律性，即频率的稳定性和平均结果的稳定性。

就如同案例 1 中的葡京赌场，偶然的一次豪赌，在不出老千的前提下，"赌王"能否获胜纯属偶然；但如果是基于赌场每天成千上万的赌徒所共同构成的集体行为，人们就会发现，大数定律在看似偶然的表象下暗暗操控这一切，事物总是向着它原本就应该具有的期望一步步无限逼近。

# 4.3 正态分布——大道至简，大美天成

## 【案例】高尔顿钉板

达尔文的表弟弗朗西斯·高尔顿虽然不及表哥那样著书立说、流芳百世，但也算是一代宗师，自立门户开创了生物统计学派。

他的灵感来源于达尔文。自从达尔文写了《物种起源》后，他试图另辟蹊径，开始应用统计学方法解决遗传进化的问题。其中，他极力推崇正态分布，认为它就如同可以适用于无数情况的一般法则。

高尔顿设计了一个有趣的装置，名为高尔顿钉板（Galton Board），用来模拟正态分布。

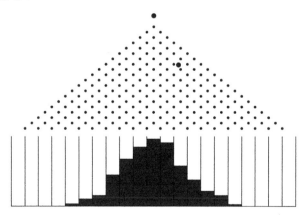

他找来一块木板，按照上图的模式钉了好多钉子，每个钉子之间都是等距离的。钉子的下面是一排铁槽，然后他把一个尺寸大小恰好的小圆球放在铁钉的最顶端，让它自然下落。小球在碰到钉子后是向左滚，还是向右滚，概率都是 1/2。如果有 $n$ 排钉子，最终各槽内球的个数则服从二项分布

$B(n,1/2)$。当 $n$ 很大时，落到铁槽里的球的个数近似服从正态分布。

如果在这个钉板的某处放一个隔板，在隔板上挖出若干个大小不一的洞，然后再从上往下扔球。那么，在铁槽下就会形成大小不一的正态分布。

高尔顿观察了父亲和子女两代人的身高，发现遵从统一的正态分布。他很疑惑，遗传作为一个关键因素是如何起作用的呢？

他利用这个神奇的钉板就可以解释了。身高受到若干因素的影响，它们共同作用。每个因素的影响都可以通过一个正态分布来表达。遗传是影响身高的一个重要因素，就如同图中铁槽处形成的一个较大的正态分布，而若干因素形成的多个大小不一的正态分布累加之后仍然是一个正态分布。

# 【知识点】正态分布

正态分布（Normal Distribution）是一种最常见、最重要的连续型对称分布。若连续型随机变量 $X$ 的概率密度为

$$f(x) = \frac{1}{\sqrt{2\pi}\sigma} \exp\left(-\frac{(x-\mu)^2}{2\sigma^2}\right)$$

则称 $X$ 服从期望为 $\mu$、方差为 $\sigma^2$ 的正态分布，记作 $N(\mu, \sigma^2)$。正态分布的概率密度函数曲线呈钟形，因此经常把它称为钟形曲线。

正态分布具有如下性质：

- 集中性：正态曲线的高峰位于正中央，即均值所在的位置。

- 对称性：正态曲线以均值为中心，左右对称，曲线两端永远不与横轴相交。

- 均匀变动性：正态曲线由均值所在位置开始，分别向左右两侧逐渐均匀下降。

正态分布有如下两个重要参数：

- 期望：$E(X) = \mu$。$\mu$ 决定正态曲线的中心位置。

- 标准差：$\sqrt{D(X)} = \sigma$。$\sigma$ 决定正态曲线的陡峭或扁平程度。$\sigma$ 越小，曲线越陡峭；$\sigma$ 越大，曲线越扁平。

标准正态分布是标准化后的正态分布，以 0 为均数、以 1 为标准差，记作

$$\frac{X - \mu}{\sigma} \sim N(0,1)$$

标准正态分布以 $y$ 轴为中心，左右对称分布，如下图所示。

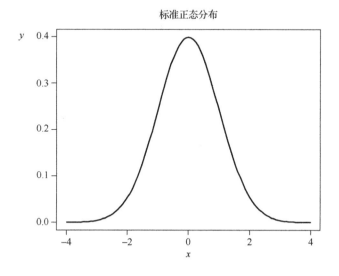

正态分布又称为高斯分布，是以数学王子高斯的名字命名的。在学术界，数学家的名字将随着人类科学史的沿袭被一代又一代的人所铭记。

在研究非系统性误差时，高斯发现有很多因素都会影响到一个随机变量，而且影响都不大，这时就会呈现出正态分布的形态。这种情况类似于案例1中的高尔顿钉板实验所揭示的内涵。

在社会、经济、政治等各个领域，人类总是在努力减少各种系统性的误差，排斥"异数"，视稳定和平均为美，就如同基因和染色体，是人类骨子里的天性。

正态分布的深层次内涵被广泛应用就是因为它符合人类的这种审美天性，让人们能够使用它去检验事物本身的一致性是否遭到破坏。

# 4.4　中心极限定理

## 【案例】肯德基和麦当劳的博弈

细心的朋友都会发现，肯德基的不远处一定会有麦当劳，这就是博弈论在起作用。道理非常浅显。如果麦当劳开在了一个小区的中心，肯德基肯定觉得它抢占了他们的潜在客户，所以他们也一定会开在相邻的位置。

假设一个小区有500人，肯德基和麦当劳要竞争这500个潜在的食客。假设这些居民是去肯德基，还是去麦当劳是完全随机的，且每个居民的选择也相互独立。

一般肯德基和麦当劳的店面都不大，特别是在用餐高峰，经常会出现客满的现象。现在，肯德基决定重新装修店面，增添座位以满足小区居民的用餐需求。麦当劳打听到这个消息后，非常焦急，因不想在新一轮的竞争中被淘汰，于是没过几天也摩拳擦掌，开始筹划起重整店面的事。

在装修的过程中，两边的经理遇到一个共同的难题：两家快餐店至少要设多少个座位才能保证食客因没有座位而离开的概率小于 5% 呢？

要想解决这个问题就需要引入统计学中一个十分重要的概念——中心极限定理。

# 【知识点】中心极限定理

当独立的随机变量个数不断增加时，其和的分布趋于正态分布，这就是中心极限定理的大意。中心极限定理中最重要的定理之一是林德贝尔格-勒维（Lindeberg-Levy）中心极限定理。

设随机变量序列 $X_1, X_2, \cdots, X_n$ 相互独立，服从同一个分布，满足 $E(X_k) = \mu$ 和 $Var(X_k) = \sigma^2 \neq 0$，那么随机变量 $Y_n = \dfrac{\sum\limits_{k=1}^{n} x_k - n\mu}{\sqrt{n}\sigma}$ 的分布函数 $F_n(x)$ 满足

$$\lim_{n \to \infty} F_n(x) = \lim_{n \to \infty} P(Y_n \leq x) = \int_{-\infty}^{x} \frac{1}{\sqrt{2\pi}} \, \mathrm{e}^{-\frac{t^2}{2}} \mathrm{d}t$$

意思是，当 $n \to \infty$ 时，随机变量 $Y_n$ 趋近于标准正态分布 $N(0,1)$。这个定理的一个常用推论就是，独立分布的 $n$ 个随机变量 $X_1, X_2, \cdots, X_n$ 的和 $\sum\limits_{k=1}^{n} X_k$，将近似地服从正态分布 $N(n\mu, \sigma^2)$。

如果要回答案例中的问题，就需要应用到中心极限定理。

麦当劳和肯德基从口味、口碑、装修环境、价位等来说都没有显著性差异，所以只需要考虑一家的情况即可。假设这里考查的是麦当劳。

设麦当劳总共需要设立 $m$ 个座位，每个居民是否选择去麦当劳就餐可

以被视作一次"伯努利"试验，定义变量

$$X_i = \begin{cases} 1 & \text{如果第}i\text{个居民去麦当劳} \\ 0 & \text{如果第}i\text{个居民不去麦当劳} \end{cases}$$

其中$i=1,2,\cdots,500$，且$P(X_i=1)=P(X_i=0)=0.5$，用$X$表示来麦当劳就餐的人数总和，即$X=\sum_{i=1}^{n}X_i$，且服从二项分布，即

$$X \sim B(500,0.5)$$

因此问题就转化为求概率

$$P(X \geqslant m) \leqslant 0.05$$

或者

$$P(X < m) \geqslant 0.95$$

对于服从二项分布的$X$，它的期望和方差为

$$E(X_i) = 1 \times 0.5 + 0 \times 0.5 = 0.5$$

$$\begin{aligned} Var(X_i) &= E(X_i^2) - (E(X_i))^2 \\ &= 1 \times 0.5 + 0 - 0.5 \times 0.5 \\ &= 0.25 \end{aligned}$$

根据中心极限定理，当$n \to \infty$时，$\dfrac{\sum_{k=1}^{n}x_k - n\mu}{\sqrt{n}\sigma}$近似服从标准正态分布，即

$$\frac{X - 500 \times 0.5}{\sqrt{500 \times 0.25}} \sim N(0,1)$$

所以，$P(X<m) \geqslant 0.95$转化为

$$P\left(X \leqslant m\right)=\varPhi\left(\frac{m-250}{\sqrt{125}}\right) \geqslant 0.95$$

其中 $\varPhi(\cdot)$ 是标准正态分布的累计概率分布函数，查标准正态分布表可知，满足这个不等式最小的 $m$ 值是 269。

根据中心极限定理，可得到案例问题的答案：两家快餐店至少要设 269 个座位才能保证食客因没有座位而离开的概率小于 5%。

当然，这只是个"看上去很美"的理论值。寸土寸金的地段能否允许两家快餐点设置如此多的座位、在增设座位和增加盈利之间是否能取得一个满意的平衡点，这些都是两家店需要考虑的问题。不管如何，统计作为一种工具，在指导实践中可以为决策者提供一些参考。

# 5

## 第 5 章

## 统 计 推 断

　　有云水襟怀、松柏气节的抗日爱国将领续范亭在他的作品《感言》中曾这样写道："真要推断国家命运，必须先推断世界命运"。一个国家只是世界这个总体的一个子集，覆巢之下焉有完卵。

　　世界的命运如何推断？或许，从某种意义上来说，这是一个统计学范畴的命题。

　　统计推断（Statistical Inference）是统计学的重要任务。它通常指通过随机样本来对未知总体做出的推断。这个总体，代表所要研究的问题是确定的，但人们总是可以通过随机样本的抽取，对总体的特性做某种科学的"猜测"。

　　例如，某市公民的初婚年龄构成一个总体，可以被认为是服从正态分布的。若想知道这个总体的均值，随机抽取该市的一部分人，用这群人的初婚年龄的数据来估计该市平均的初婚年龄即可，这就是统计推断的一种形式——参数估计。如果进一步探讨"该市的平均初婚年龄是否超过 25 岁"，那么，就需要通过样本来检验这个命题是否成立，这是统计推断的另外一种形式——假设检验。

统计推断是用样本来估计总体的。说到底，其是具有科学依据的一种合理猜测，只可能做出尽量精确、可靠的结论，却不可能百分之百准确。

统计学的推断力源于概率，但并不是宇宙间亘古不变的真理。概率起源于赌博，这就注定了统计学骨子里是一种赌博。旁观者要么对赌徒嗤之以鼻，要么想当然地认为赌徒一直在赚钱。生活中的一次次决断说到底都是一次次的"赌博"。每个决定背后，谁也没有绝对的把握到底是成功还是失败，往往也只是一个概率上的概念——是成功的可能性大还是失败的可能性大。在这个过程中，统计学是如何发挥作用帮大家做出推断的呢？下面将从理论的层面上详细分析。

# 5.1   点估计——统计学家比间谍干得漂亮

## 【案例 1】第二次世界大战中的德军坦克数

在第二次世界大战前期，德军的坦克占尽上风。出于战略目的，盟军非常想知道德军坦克的总的生产数量，有很多盟军间谍的重要任务就是窃取德军坦克的生产总量的具体情报。然而，真正可靠的情报并非来自间谍，而是来自盟军的统计学家。

那么，统计学家究竟做了什么呢？

德国人非常严谨、尊重规则，甚至有些墨守成规。他们的坦克也按照出厂的先后顺序被依次编号为 $1,2,\cdots,N$。在战斗中，盟军缴获了一些德军坦克（假设为 $n$ 辆），并辨认出这些编号。统计学家就是利用缴获的这些编号（样本）来估计 $N$（总体），也就是德军坦克的总生产数量的。统计学家研究了几套点估计的方案，其中一种是这样的：用样本中的最大编号减去 1 再乘以因子$(1+1/n)$。

首先，德军生产的坦克总数必定大于或等于缴获坦克的最大编号。假如他们缴获 10 辆坦克，其中最大的编号是 100，那么坦克总数的点估计是 $100 \times (1+1/10)-1=109$。

根据统计学家的公式得出这样的结论：在 1940 年 6 月到 1942 年 9 月期间，德军每月制造约 246 辆坦克。而盟军最初通过间谍、解码和逼供等传统手段收集的信息却比这高得多，1 400 辆！战争结束后，盟军拿到德军坦克生产的报表，数据显示他们每月生产 245 辆坦克。

在这个案例中，盟军统计学家要估计的总体参数就是德军一共生产的坦克数目。盟军无法观测这个总体，只能通过抽取的样本，也就是缴获的坦克的编号来完成这种推断。

## 【案例2】首家新鲜咖啡速递服务企业

"无论烈日炎炎，还是寒风凛冽，连小哥都能将新鲜的咖啡送到您面前。"

这是国内首家专业的新鲜咖啡速递服务企业对顾客的承诺。这家企业的名字恰恰是由航班管家创始人、国内知名天使投资人王江的外号"连长"来命名的。

王江毕业于清华大学，也是一位成功的创业者和投资人。在一次偶然的机会，笔者在清华大学听了一场关于创业的讲座。在演讲的众多嘉宾中，笔者唯独对王江印象最深刻。这不仅是因为他身上充满活力的特质，更是因为他把创业当作一件有意思的事情在做。他跟我们分享了创办"连咖啡"的故事。

有一天，他在某写字楼附近的星巴克喝咖啡，意外地发现很多客人都是将咖啡带走而不是坐在店里喝。敏锐的他发现了其中的商机：是不是可以专门做一个咖啡外卖？为了定量地验证他的猜想，更好地摸清楚市场规律，他到北京不同地段的 5 家客流量较大的星巴克蹲点。他在每家咖啡店一坐就是一天，详细记录客人购买咖啡的情况。经过近 1 个月的调研，他发现 1/3 以上的客人会选择把咖啡带走喝。于是，基于这种科学的调查所显示的结论，他大胆推测咖啡外卖有很大的市场，并果断成立了"连咖啡"这样一个专门做咖啡速递的服务企业。

案例中，王江在进行咖啡市场的商业调研时，其实不知不觉中就应用了统计学中点估计的思想。总体参数是这个城市的所有咖啡店外带咖啡的比例，用随机抽取的店铺中相对应的比例来估计，从而得出可以支持其决策的科学依据。

## 【知识点 1】样本统计量和总体参数

由案例 1 和案例 2 可知，无论是第二次世界大战中德军所生产的坦克数量，还是北京市咖啡店中外带咖啡的比例，都是所要研究的总体参数，而在这个推断的过程中用到的是样本统计量。

样本统计量（Sample Statistic）是关于样本的一个已知函数，用于收集样本中能够反映总体的信息。它是从样本数据中计算出来的，只依赖于样本。在总体中，与之相对应的量称为总体参数（Population Parameter），是未知的。几个总体参数和样本统计量对应的例子如下。

| | | | | |
|---|---|---|---|---|
| | $\Pi$ | 百分比 | $\bar{x}$ | |
| 总体参数 | $\mu$ | 标准差 | $s$ | 样本统计量 |
| | $\sigma$ | 均值 | $p$ | |

# 【知识点 2】点估计

案例 2 中"连咖啡"的创始人选取 5 个具有代表性的店铺作为随机样本来推测总体，即用 5 个店铺计算出的咖啡外带的比例的值来估计总体中的这个比例。

点估计（Point Estimation）是由样本数据 $x = (x_1, x_2, \cdots, x_n)$ 计算出来的，能够代表总体的未知参数 $\theta$ 或者 $\theta$ 的函数 $g(\theta)$。它通常被称作"参数的点估计"。点估计和 5.2 节中探讨的区间估计共同组成统计推断中的参数估计。

样本统计量是样本数据的函数。函数可以被理解为方程，通过这个方程浓缩了样本中所有数据的信息。比如，样本是 100 个学生的成绩，样本统计量是这 100 个学生的成绩均值。均值是由 100 个样本观测值通过均值公式计算得到的，它只是一个值而已。样本均值浓缩了样本的信息，但所含的信息量却不如 100 个观测值多和具体。但是，我们又离不开像均值这样的统计量，因为我们不可能随时随地打开 Excel 表格去查看那些冗长而杂乱的原始样本数据。

点估计是参数估计的重要组成部分。点估计常见的方法有矩估计和极大似然估计，而德军坦克的例子中用的是最小方差无偏估计。

衡量一个点估计量的好坏有很多标准，其中比较常见的标准有无偏性、有效性和一致性。

由于抽样具有随机性，所以每次抽取的样本一般不会相同，由样本求的点估计的值也不尽相同。因此，要确定一个点估计的好坏，单凭某一次抽取的样本是不具有说服力的，必须通过很多次抽取的样本来衡量。因此，一个自然而然的衡量标准就是，在大量重复的抽样中所得到的点估计值平均起来应该和总体参数一样。更正式一点的说法是，点估计的期望值应该等于总体参数的值。这就是无偏性。

有效性是指对同一总体参数，如果有两个无偏估计量，那么其中标准差较小的估计量更有效。因为一个无偏的估计量并不意味着它就非常接近被估计的参数，还可能和总体参数的离散程度比较小有关。回顾一下之前章节提到的射击靶心的 4 张图，无偏却无效的情况就是，射中的点集中在靶心周围一个直径较大的圆内。如果把靶心看作总体参数，这样的估计量距离靶心就太离散了。

一致性是指随着样本量的增加，点估计的值会越来越接近被估计的总体参数。因为随着样本量的增加，样本无限接近总体，那么点估计的值也随之无限接近总体参数的值。

# 5.2 置信区间——责善切戒尽言

## 【案例】美国盖洛普公司的民意调查

美国的盖洛普（Gallup）公司是享誉全球的民意测验和商业调查公司，由优秀的社会科学家乔治·盖洛普博士于 1935 年创立。盖洛普公司擅长测量和分析选民、消费者和企业员工的意见和行为，并以其精准的分析结果在学术界和商界享有良好的口碑。

盖洛普公司曾做过这样一份调查：人们对美国制造的产品看法如何。被调查者共有 3 500 人，分别来自美国、德国和日本三个国家。结果显示，在三个国家的调查者中认为美国产品质量好的比例分别是美国 55%、德国 26%、日本 17%。

这份报告中还特意指出抽样误差是 ±3。所有专业的调查报告都必须为所给出的调查结果提供一个"抽样误差"。抽样误差是抽样方法本身带来的误差。从总体中随机抽取样本时，哪个样本被抽到是随机的，这就为结果带来一定的波动性。

怎么来理解这个值呢？根据这个抽样误差和盖洛普公司调查的样本百分比就可以求出一个能够包含参数真值的区间，也就是统计学上著名的"置信区间"。

# 【知识点 1】置信水平

置信水平（Confidence Level）是指总体参数值落在样本统计值某一区内的概率，用来衡量人们对某件事的合理性和真实性的相信程度。

案例中虽然没有明确指出，但按照惯例，研究者和读者一般默认抽样误差都是按照 95% 的置信水平计算的。其意思是，在 100 次抽样结果中，大概有 95 次得到的样本百分比和总体真实百分比之差小于 3。当然，这个"真实"的总体百分比只有上帝才知道它到底等于多少。

# 【知识点 2】置信区间

置信区间（Confidence Interval）又称为区间估计，是参数估计除点估计之外的第二类方法。它代表一个能够包含总体参数真实值的区间。置信区间呈现的是总体参数的真实值有一定概率落在点估计的周围。置信区间给出的是点估计的可信程度，即前面所提到的"一定概率"，而这个概率就是置信水平。

在实践中，总体参数的置信区间可以按照点估计量加减抽样误差求得。就像案例中，被调查者中美国人有 55% 的认为本国的产品好，其在 95% 的置信水平上的置信区间是（52%，58%）。

参数估计包括两类方法：点估计和区间估计，二者缺一不可。有人认为只有点估计就够了，何苦又制造出一个令人难以理解的区间估计呢？事实上，就如同"处事须留余地，责善切戒尽言"形容的那样，区间估计中的置信区间就是为了给结论留下一些余地。虽然构造和解读置信区间很麻烦，但是它却比单纯的点估计包含更多的信息量，可以代表人们对所下结论的信心多少。

在现实中，我们总是更喜欢窄的置信区间，因为窄的置信区间比宽的能提供更多的有关总体参数的信息。这很好理解，就像案例中关于美国人认可度的置信区间如果不是（52%，58%），而是（1%，100%），如此宽泛的区间等于没有下任何结论。

既然置信区间的大小如此重要，那么它和哪些因素有关呢？

它主要受制于样本量和置信水平。在一定的置信水平下，样本量越大，置信区间越窄；在一定的样本量下，置信水平越低，置信区间越窄。

样本量越大，样本数据中所包含的信息量越大，这就会反映在更窄的置信区间上。最常用的置信水平是 95%，但如果想得到更窄的置信区间，可以选择 90% 的置信水平，但 90% 就没有 95% 那么靠谱。90% 的置信区间意味着，在 100 次的抽样中，大概有 90% 的置信区间包含总体参数的真实值。注意，这个真实值是我们不知道的。

生活中，有很多人把 95% 的置信区间错误地解释为"总体参数有 95% 的概率落在这个区间"，这是不对的。为什么呢？以案例中的美国人来说。假设我们知道总体参数的真值是 53%，那么区间（52%，58%）百分之百包含真值而不是"以 95% 的概率包含真值"；相反，如果总体参数真值为 51%，那么区间（52%，58%）就绝对不会包含真值而不是"以 95% 的概率包含真值"。

置信区间就像一张网，一次次地被撒出，来捕捉总体参数这条大鱼。每次捕捉的结果不能确定，是随机的。我们只能寄希望于所求得的区间属于那些大量的、幸运的、可以捕捉到的真实值中的一个。

# 5.3　两类错误：有罪被判无罪和无罪被判有罪哪个更严重

## 【案例1】法律中的人文精神

把一个有罪的人误判为无罪和把一个无罪的人误判为有罪，哪一个后果更严重？

这或许是一个值得辩论的命题。

根据现代民主制度的基石——《社会契约论》（法语名：*Du Contrat Social*，别名《民约论》）的精神，很多法律界的人士认为把一个无辜的人误判为有罪比放掉一个有罪的人后果更严重。

这是符合常理和人道主义精神的。

"犯罪"就会有案底，就如同脸上的刺青，会跟着无辜的人一辈子。虽然社会环境越来越宽容，但人们也很难做到对有过犯罪记录的人一视同仁。犯过罪的人重新回归社会的阻力或许远远要比人们想象的大得多。更何况，一个冤案会让一个无辜的人失去自由、接受别人的冷嘲热讽和避之不及的歧视。最可怕的是，他们在被边缘化的过程中可能就会对司法公正丧失信心，成为社会的不稳定因素。

国家宝贵的法律资源是为了尽力维护每个个体的生命尊严。冷冰冰的法律条文背后隐藏着的应该是温情脉脉的人文关怀。

但这个问题也要辩证地看。在美国，恐怖分子一直像一个挥之不去的梦魇，如何处理好保护公民的人权和有效打击恐怖分子之间的平衡问题非常重要。当然人们不希望把无辜的人送进监狱，但如果放过了任何一个恐怖分子，就可能会为公共安全带来难以估量的灾难，甚至让更多的人罹难。在这种情况下，美国政府更注重控制第二类错误，即不放过任何一个可疑的人。

这里所提到的把一个无罪的人判为有罪和把一个有罪的人判为无罪，其实是统计学中的两类错误：弃真和存伪。在统计学中，犯这两类错误的概率被定义为 $\alpha$ 和 $\beta$。

## 【案例 2】抗击埃博拉要避免两类错误

埃博拉（Ebola Virus）是一种十分罕见的、能引起人类产生出血热的烈性传染病病毒。这种病毒有着很快的传播速度和很高的死亡率，导致死亡的主要原因有中风、心肌梗死、低血容量休克或多发性器官衰竭。

2014 年 2 月西非开始爆发大规模病毒疫情，并在全球范围内广泛传播，引发人们对死亡的恐慌。截至 2014 年 12 月 2 日全球累计出现埃博拉确诊、疑似和可能感染病例 17 290 例，其中死亡 6 128 人。

在美国，埃博拉让美国人如临大敌，考验着他们脆弱的神经。某小学校长在疫情被发现前去了一趟赞比亚，很多家长得知后便不让孩子去学校；还有一位男子打电话报警，因为他无意中听到坐在他身边的人谈论到去过西非和欧洲。这些都是真实的事例。于是，一些议员开始给奥巴马施压，要求他进行边境限制。不过，奥巴马并没有采取以上提议，而是号召人们用冷静的心态和科学的方法来渡过这个难关。

议员提出的这种封闭边境的政策是基于美国作为全球交通枢纽的考虑，大规模的境外人员流动增加了疫情风险。这种政策的本质就是"宁可错杀三千绝不放过一个"，宁可把一个无罪的人判为有罪也不可把有罪的人判为无罪。

奥巴马的否定是有科学依据的。议员的提议应用到公共政策的制定上是不妥的：隐含着统计学中第一类错误的隐患。

统计学中的第一类错误（type I error）在医学中称为"假阳性"：起初的疾病测试结果很悲观，但随着检查的深入才确定是虚惊一场。

这种错误放在个人身上，或许还有种"劫后余生"的喜悦。可是，若在一个国家公共政策的制定上犯了这类错误，后果将非常严重。

与第一类错误截然相反的是第二类错误（type Ⅱ error），医学上称为"假阴性"，指的是检测结果一切正常，而事实上却已经身染疾病。很多传染病有潜伏期，在潜伏期是无法检测出来的。美国政府表示无论检查措施多么到位，仍不能将风险降低到零。

# 【知识点 1】零假设和备择假设

零假设（$H_0$, Null Hypothesis）是统计检验时的一类假设。零假设的内容一般是希望证明其错误的假设。零假设的反面是备择假设（$H_a$, Alternative Hypothesis），即不希望看到的另一种可能。

上述两个案例中提到的第一、第二类错误都是在零假设为真的基础上的概率。零假设和备择假设在逻辑上是互补的，理论上说，一个为真，另一个就为假。推翻其中一个假设，就必须承认另外一个。

## 【知识点 2】两类错误

第一类错误："弃真"，代表零假设为真，但却拒绝了零假设。

第二类错误："取伪"，代表零假设为假，但却接受了零假设。

两类错误的概率分别用 $\alpha$ 和 $\beta$ 表示。

$$\alpha = P(拒绝H_0 \mid H_0 为真)$$

$$\beta = P(接受H_0 \mid H_0 为假)$$

数学符号"|"的意思是"基于……的假设"。

在案例 1 所描述的法律审判中，假设我们有如下零假设和备择假设。

$H_0$ 嫌疑人无罪

$H_a$ 嫌疑人有罪

如果真实情况是 $H_0$ 所描述的，即嫌疑人实际上是无辜的，却拒绝了 $H_0$，即认为他有罪，那么法官就犯了第一类错误。本着保守、稳健、不冤枉无辜的人的原则，我们认为犯第一类错误比第二类错误的后果更严重。所以，需要把第一类错误控制在一个很小的范围内。

而案例 2 则描述了一个犯第二类错误后果更严重的情况。

不妨假设埃博拉病毒在美国入境人员中的携带概率是 0.000 01%（实际上还要低得多），美国拥有全世界最先进的检测手段——假设他们仪器的准确率高达 99.999 99%，并且绝对不会漏检任何实际存在的病例（这只是理论假设，尽管事实并非如此乐观）。美国每月入境人数超过 130 万。那么，每月入境的人中真实携带埃博拉病毒的人数为 $1300000 \times 0.000\ 01\% = 13$ 人。

公共政策的改变牵涉甚广：检测的费用、可疑病例留院观察的费用、关闭边境带来的旅游业和贸易损失等。这些都是政府权衡利弊的重要方面。

在美国历史上，此类事件有据可循。里根任总统时期，为阻止艾滋病的蔓延，下令关闭边境并在国内进行大规模的血清检验，但事后证明收效甚微，这样做非但没有显著阻止艾滋病的传播，还引发了"歧视"所带来的政治风波。

奥巴马"以史为镜"，大概明白这种政策会为第一类错误而付出昂贵的代价。

如何在第一类和第二类错误之间权衡，这不仅是一个国家的命题，也是我们每个人日常生活需要面对的命题。在抗击埃博拉病毒的例子中，美国政府选择"姑息"第二类错误，因为一个大国要避免民众的过度恐慌。而在打击恐怖分子的例子中，同样的政府却严格控制第二类错误，原因是为了不给恐怖分子任何威胁公共安全的机会。

那么，究竟哪种错误更严重？引用一句老话"具体问题，具体分析"。

# 5.4 假设检验——"凑巧"可以拒绝吗?

## 【案例 1】奶茶情缘

20 世纪 20 年代初的一个午后,三位科学家一边在英格兰晒着午后的阳光一边喝着下午茶。统计学家罗纳德·费希尔（Ronald Fisher）倒了一杯奶茶端给了他的同事——穆丽尔·布里斯托（Muriel Bristol），但她婉拒了这杯奶茶，因为她说先倒牛奶后倒茶的味道更好。

Fisher 不相信。于是另外一个科学家威廉姆·洛奇（William Roach）建议大家做一个试验：背着 Bristol 倒一杯奶茶，然后让她尝，看看她能不能猜出倒奶和倒茶的顺序。但就算她说出正确答案，也不能说明什么，因为至少也有 50% 的概率猜对。

这是一个浪漫的故事。Bristol 和 Roach 因为这杯奶茶相识、相爱。当然除了这段姻缘，这杯奶茶还成就了 Fisher 的假设检验的理论。

Fisher 在其《试验设计》一书中写道，他试图驳斥这样的假设：Bristol 的选择是随机的。这就是零假设。

Fisher 设计了一种可以反驳零假设的方法。他准备 8 杯奶茶，4 杯先倒茶，4 杯先倒奶。打乱顺序后让 Bristol 每次品尝一杯，然后说出奶和茶倒入的顺序。

Bristol 轻松过关，正确地辨认出 8 杯奶茶中奶和茶的倒入顺序。因为 Fisher 的试验设计得非常随机，8 杯奶茶分成两组有 $C_8^4 = 70$ 种可能性。她全部猜中的可能性是 $\frac{1}{70} = 0.014$。

虽然这是一个很小的概率，但依旧无法排除 Bristol 有"猜"出来的可能性。只能说，这种可能性非常小而已。

那究竟可能性为多少才能拒绝"Bristol 的选择是随机的"这样的假设呢？

Fisher 认为，基于零假设为真的前提，却依旧观测到这种结果的概率如果不到 5%就可以拒绝零假设。Bristol 猜对的概率是 1.4%，小于这个值，所以可以大胆地认为 Bristol 对奶茶有自己独到犀利的味觉。

一杯奶茶，成就了一段浪漫的情缘，也成就了统计学的重要工具——假设检验。

# 【案例 2】咖啡新鲜吗？

"咖啡（Coffee）"的名字最早来自埃塞俄比亚的一个名叫卡法（Kaffa）的小镇，是"力量与热情"的意思。它与茶叶、可可并称为世界三大饮料植物，受到全世界人民的普遍喜爱。

在中国，咖啡作为一个和"时尚"紧密相连的饮料受到越来越多年轻人的喜爱。咖啡的浓香伴随着清晨的第一缕阳光把耳朵叫醒；紧张的工作时间，一杯咖啡能迅速让你"满血复活"；和朋友小聚时，几杯咖啡、一块蛋糕，分享着生活和幸福。

人们理应更喜欢新鲜磨制的咖啡（Fresh Coffee），因为它的口感更纯正、香浓，喝过之后唇齿留香。但在这个"速溶"的时代，速溶咖啡（Instant Coffee）也因其便携、快速的优点成为很多人的首选。在中国，有报道声称"速溶咖啡和现磨咖啡在市场上各占据半壁江山"。某品牌现磨咖啡机在进驻中国市场之前，为了对中国消费者的喜好有一个更清楚的认识，特意做了一个试验来进行验证。

有 100 个人参与这项试验，每个人都需要尝两杯没有任何标记的咖啡，然后告诉工作人员他们更喜欢哪杯。事实上，这两杯咖啡一杯是速溶的，一杯是新鲜磨制的。

这个试验的统计量是样本中更喜欢新鲜咖啡的比例 $\hat{p}$。这个符号上的帽尖（Hat）代表这只是从样本中算出的估计值，并不是总体中的真实值。
结果显示，100 人中有 72 人选择了新鲜咖啡，也就是

$$\hat{p} = \frac{72}{100} \times 100\% = 72\%$$

这个试验能够提供多少有力证据来反驳报道中的观点呢？要想回答这
个问题，就需要用到统计学上的假设检验。

## 【知识点 1】显著性水平

零假设究竟有多不合理时才可以将其推翻？推翻零假设的门槛通常是
5%，用希腊字母 $\alpha$ 表示，意思是可以推翻一个成立的概率不足 5% 的零假
设。这就是 0.05 的显著性水平。当然，这个门槛还可以设置为 0.01 和 0.1。
显然 0.01 的显著性水平比 0.1 的水平拒绝起来的难度更大，代表的统计学
分量也更重。

这里必须强调的是，这个显著性水平是事先给定的。如果等数据出来
再决定是用 0.01，0.05 还是 0.1，就容易犯机会主义倾向的错误。

案例 1 中 Fisher 给出的显著性水平是 0.05，基于零假设为真的前提，
如果依旧观测到这种结果的概率不到 5%，那么就可以拒绝零假设，即拒绝
Bristol 是瞎猜猜对倒奶的顺序。

## 【知识点 2】$p$ 值

$p$ 值是在零假设为真时，得到样本所观测到的结果或者更极端结果出现
的概率。$p$ 值越小，由样本数据所提供的拒绝零假设的证据就越强。

案例 1 中通过排列组合和试验设计的原理，计算出的 $p$ 值是 0.014。案

例 2 中的 $p$ 值该如何计算呢？这里需要用到正态分布的理论，后面会详细解释。

究竟 $p$ 值为多少才可以拒绝零假设呢？对于这个问题，并没有一个一成不变的标准，要看拒绝零假设的成本有多高。如果这个成本很昂贵，就需要很强的证据支持才能够拒绝。

# 【知识点 3】统计显著

当由样本中计算出来的 $p$ 值小于事先设定的显著性水平 $\alpha$ 时，就可以说样本数据在 $\alpha$ 的显著性水平下是统计显著的。

这里必须强调的是，这个显著性水平一定是预先设定的。为什么呢？比如，得到数据后计算出 $p$ 值是 0.03，再反过来规定显著性水平是 0.05，就可以理所应当地拒绝零假设。但如果事先规定显著性水平是 0.01，那么就不可以拒绝。如果显著性水平是取得数据后再给定的，就能根据结果调整得到我们想要的结论，那么就存在一定投机的可能性。

案例 1 中 Fisher 计算出的 $p$ 值是 0.014，小于预先设定的 0.05 的显著性水平，说明统计显著的结论，即根据样本得出的结论可以拒绝零假设，进而认为 Bristol 真的能够分辨出先倒奶还是先倒茶在味道上的区别。

# 【知识点 4】统计显著对比实际显著

"统计显著"是很多学术报告和商业报告中都会给出的结论，代表了从统计学的角度对事物的观点。但事实上，存在一个误区，即认为统计显著的结果总是在总体中具有重大的实际意义。这是对统计学这门学科"迷信"

的一种表现。

当样本很大时，许多效应即使差异不大，也会产生统计显著的效果。得到统计显著的结论其实不是一个终点，恰恰是一个起点，它可以用来引发人们的思考，进而做出深入的研究，即探寻事物的来龙去脉后再下定论，确定在实际中有没有显著效应。

# 【知识点 5】假设检验对比置信区间

假设检验是科学研究的一种重要手段，是人们更好地探寻事物规律的方法。从某种程度上来说，假设检验不如置信区间提供的信息量大。在假设检验中，关注的焦点是某个参数的一个值。例如，在案例 2 中所关注的是人们偏爱新鲜咖啡的比例是不是 50%。如果根据假设检验的结果拒绝了这个零假设，之后我们就不清楚它具体的值是多少了。

很多统计学者更偏爱置信区间。因为置信区间能够提供一个估计范围，而他们希望这个区间能够包含这个总体真实值。

# 【知识点 6】单侧检验对比双侧检验

案例 2 的样本中偏爱新鲜咖啡的比例是 $\hat{p} = 72\%$，有两种方法可以检验报道中的结论：总体中偏爱新鲜咖啡的比例究竟是不是 50%。确切地说，有两种备择假设。

第一种：

$$H_0 : p = 0.5$$
$$H_a : p \neq 0.5$$

第二种：

$$H_0 : p = 0.5$$
$$H_a : p > 0.5$$

$p$ 是总体中所有喝咖啡的人当中偏好新鲜磨制咖啡的比例。第一种备择假设是，总体中偏好新鲜咖啡的人不等于 50%，这个比例可能更高也可能更低。第二种备择假设是，偏爱新鲜咖啡的人的比例高于 50%。选择第一种备择假设，就选择了双侧检验；选择第二种，就选择了单侧检验。

在零假设为真的情况下，$\hat{p}$ 近似服从正态分布，它的均值和标准差分别为

$$均值 \ p=0.5$$

$$标准差 = \sqrt{\frac{p(1-p)}{n}}$$
$$= \sqrt{\frac{0.5(1-0.5)}{100}}$$
$$= 0.05$$

不管做哪种选择，首先要把样本比例转化成标准正态的 $z$ 值：

$$z = \frac{0.72 - 0.5}{\sqrt{\dfrac{0.5(1-0.5)}{100}}} = 4.4$$

现在的统计软件很发达，任何软件都可以求出 $p$ 值。在第一种备择假设也就是在双侧检验的情况下，基于 $z$ 值求出的 $p$ 值是 $1.1 \times 10^{-5}$，而在单侧检验下的 $p$ 值为 $5.4 \times 10^{-6}$。在事先设定的显著性水平下，这两种检验的原假设都会被拒绝。

根据理论或常识无法对估计系数的影响方向做出肯定的判断，即有可能为正也有可能为负，故作双侧检验。而单侧检验则相反，能够依据常识或理论对估计系数的影响方向做出明确的断定，即要么为正要么为负。案

例 2 中如果那个准备进入市场的某品牌现磨咖啡机项目调查人员认为人们理应更喜欢新鲜磨制的咖啡，那么他们就需要直奔单侧检验，这样得到的结论更直接、有效。

理解假设检验就需要理解假设检验所隐含的如下两个思维。

1）反证法思维

案例 1 中，假设零假设为真，即 Bristol 完全是在瞎猜的前提条件下进行的，那么，"她全部猜对 8 杯奶茶的倒茶和倒奶的顺序"就是一个非常规的事件，在大多数情况下不会发生，而现在竟然发生了，那么就可以认为她是真的可以品尝出先倒奶还是先倒茶的区别。

案例 2 中，如果"人们对咖啡没有偏好"的零假设为真，则样本中有72%的人偏爱新鲜磨制咖啡就是一个本不应该发生却发生了的非常规事件，因此就可以拒绝零假设。

2）小概率思维

上述所提到的非常规事件，并不是逻辑学中的绝对不可能发生的事件，而是指统计学上的小概率事件。小概率事件在一个样本中往往是不太可能发生的。

案例 1、案例 2 中样本所观测到的事件，在基于它们各自零假设为真的前提下，都是小概率事件，所以间接否定了它们的零假设。

# 5.5　$p$ 值——打开"潘多拉魔盒"的钥匙

潘多拉禁不住好奇心的诱惑，打开了魔盒。魔盒里面装满了世间所有的邪恶、虚伪、贪婪、痛苦、谎言、懒惰、猜忌、自私等。于是，人世间充满苦难。不过，好在潘多拉慌乱中及时盖上了魔盒，把最后一样美好的东西——希望，留在盒底。

在统计学至高无上的神坛上，也封存着一个神秘的魔盒，它叫"零假设"。如同"潘多拉魔盒"那样，它封存了所有的谎言。有一把可以打开它的钥匙，叫"$p$值"。神明定下规则：如果$p$值小于显著性水平，就不能打开这个盒子；相反就可以打开这个盒子，释放出一种邪恶，然后把它打入寒冰地狱。

这个叫作"$p$值"的钥匙也会失灵，于是，世间就有了谎言。

## 【案例】$p$值变了，结果就变了

在这个充满鸡汤和成功学的互联网时代，少年成名的故事是一个极好的"吸粉"题材，给无数奋斗在路上的年轻人送去"鸡血"。但是下面要讲的是一个泼冷水的故事。

弗吉尼亚大学有一位少年得志、意气风发的博士生 Model，他的研究课题非常有趣，是关于政治极端分子行为的，确切地说是政治极端分子在颜色辨认上有异于常人。

他收集了 2 000 个样本，研究结果显示，政治极端分子辨认不同色度的灰色更有难度。结果令 Model 颇为得意，因为$p$值为 0.01，是非常显著的。"好风凭借力，送我上青云。"他想的是，这篇文章若能够发表在影响因子比较高的国际期刊上，就可以让他在学术的道路上前进一步了。

保险起见，他的导师建议再做一次试验。结果在新数据中，$p$值发生了大变化，高达 0.59。这在任何一个显著性水平下都是无法拒绝零假设的。

结果，Model 的心理学效应站不住脚，他的文章自然也不能发表，甚至连博士论文也要重写。

或许经济学家史蒂芬说得对，"p 值没有起到人们期望的作用，因为它压根就不可能起到这个作用"。

那么，被人们广泛使用的、被各个领域学者当作神器的 p 值究竟有没有用呢？

## 【知识点 1】 p 值的历史和思想

p 值的祖师爷可不是 Fisher，而是数学家拉普拉斯。1770 年，他在一项关于生育率的研究中，发现生男孩的概率超过女孩。他很难从生物学的角度去解释，于是发明了一个名为 p 值的指标，来解释这个现象是否合理。

又过了若干年，p 值以一种正式的形式被一个统计学家公之于世。他就是卡尔·皮尔逊（Karl Pearson），他的名字或许还不如他的卡方检验那样声名显赫。这个 p 值的计算公式就是和卡方检验一起发表在当时的《哲学杂志》上的。

如果那个年代也是互联网时代，Fisher 一定是 p 值的"首席运营官"。后来，p 值在"江湖"上盛行那么多年至今仍然生生不息，Fisher 可谓是"第一推手"。他是这样阐释 p 值思想的（当年他主要想检验的是一个样本是否来自一个已知分布的总体）。

在一个均值为 $\mu_0$ 正态分布的总体中抽样，得到这个均值的样本的概率多大。如果这个概率是可以算出来的，那么就能知道"样本来自这个总体"这件事是不是靠谱。如果概率太小，就被认为是不靠谱事件，反过来推理出这个假设是不靠谱的。

这里利用的是"小概率事件原理"，这个概率就是多年后称霸统计江湖的"$p$ 值"。

细心的朋友会发现，Fisher 自始至终没有提到"备择假设"。显著性的检验是基于零假设得到的概率，但是只能用来否定"零假设是靠谱的"这件事，并不能推导出任何关于"零假设发生的概率是多少"的结论。

后来盛行的"备择假设"其实并非出自 Fisher，而是出自另外两位统计学家 Neyman 和 Karl Pearson。他们关于假设检验的思想源于 Fisher 但不等同于 Fisher，主要有如下不同：

（1）Fisher 的 $p$ 值检验思想没有引入备择假设，也从来不能用 $p$ 值来证明某个假设是正确的。值得注意的是，$p$ 值依赖于样本。当抽取不同的样本时，得到的 $p$ 值也会变化，结论也会随之变化。

（2）Neyman 引入备择假设，判断是否拒绝零假设的同时，辅助性地给出两类错误作为参考信息的存在。可是 Neyman 至死都不承认 $p$ 值的存在。

## 【知识点 2】$p$ 值误用

或许得益于 Fisher 所发明的这个简单、易于理解和使用的概念，$p$ 值在几百年的时间里一直被统计学家及其他领域的科学家反复使用。它是判断统计显著性的标准，是被神话成判断统计真实性的标准，是信心的保证。

但是，一些反对的声音也不绝于耳。有人把 $p$ 值比喻成蚊子（驱散不去又时刻围绕在你身边）；也有人把它比作皇帝的新衣（自欺欺人）。

$p$ 值存在很多问题，其中很严重的一项就是"$p$ 值操纵（p-hacking）"。意思是通过不断增大样本量来获得自己想要的 $p$ 值，并得到自己期望的结论。随着数据越来越大、越来越杂乱，时下的数据分析越来越倾向于从杂乱无章的现象中发现蛛丝马迹。这些"蛛丝马迹"是什么，或许没有人知道。这种情况就更加助长了"$p$ 值操纵"。学术界坦言，这种现象越来越不可控，比如，许多发表在著名学术期刊的心理学论文中，相当数量的 $p$ 值都很"巧合地"徘徊在 0.05 左右。这使得人们忍不住怀疑，其间有操纵的成分。

其实这不仅需要科学家、统计学家的努力，更需要一场学术文化的彻底变革。从统计学教材到教学方法、数据分析方法和如何解释结果，再到学术论文的发表标准，都需要改变。

# 第 6 章

## 6

## 变量间的关系

变量间的关系是指两个或多个变量间相互影响的作用。在哲学中："整个自然界、人类社会和人的思维都处在联系之中，世界是一个普遍联系的有机整体。"在生活中，随处可见那些相互联系的事物。例如，小孩子一天天在长高，一天天变得懂事。在这里，时间与孩子的身高、懂事等变量之间就存在着相互作用的关系。人们就是生活在这样一个普遍联系的世界之中。

## 6.1 卡方分析——细腻的眼神里岂容得半粒沙

### 【案例 1】仙道迟到事件发生率分析

仙道（对，人物设定的就是灌篮高手里那个人气最高的配角）是一个很有天赋的球员，但他没有时间观念，在日常的训练中总是迟到。细心的彦一记录了他在 2013 年和 2014 年的 3—6 月每个月日常训练的迟到次数。如下表所示。

| 月　份 | 3 | 4 | 5 | 6 |
|---|---|---|---|---|
| 2013 年迟到次数 | 21 | 18 | 15 | 5 |
| 2014 年迟到次数 | 21 | 18 | 15 | 11 |

细心的读者可能会发现，除 6 月之外其他月份仙道的迟到次数居然都一样。不过这都不重要，现在的问题是，这位没有时间观念的天才在 2013 年 3—6 月的迟到次数是否相同？在 2014 年又是怎样的情况？

可以看到，无论是在 2013 年还是 2014 年中，他每个月迟到的次数显然是不一样的。因此，我们理所当然地就会给出否定的答案。但是，这真的是理所当然，而不是想当然吗？正确答案是怎样的呢？

如果没有统计的思维，相信问题的答案是正确的。无论是"21、18、15、5"还是"21、18、15、11"，显然都是一组完全不同的数字组合。但如果冠以统计学的名义，就会产生一些"化学反应"。在统计学领域，仙道的迟到事件可以用一个随机变量 $X$ 进行表示，讨论仙道每个月的迟到次数是否相同也就是研究随机变量 $X$ 是否服从均匀分布，问题也将转换成关于总体分布的探讨。更进一步也就是对于总体是否服从某一期望值的均匀分布的检验。

这样一来，案例中的问题就是对样本观察次数与期望次数之间是否存在差异的假设检验问题，这也就是卡方拟合优度检验的问题。

## 【案例 2】性别和文化程度是相互独立的吗？

笔者在某财经院校求学期间发现一个有意思的现象——校园里的女生真是多。多到有时骑单车走过的路上，遇见的全是女生；多到有时打开自习室的门，发现里面全是女生。当然，那所学校绝不是女子学校，它只是男女比例为 3∶7 罢了。笔者回忆起自己这些年就读学校的男女生数量的状况：小学、初中的时候，学校里总是男生要多一些；高中的时候男女比例会平衡一些；大学里女生就绝对有了数量上的优势。为何会是这种情况呢？难道这反映了女性的文化程度要高一些吗？这个现实问题笔者无法解答，交给有关机构去研究好了。下面，不妨假设通过调查获得如下资料。

| 文化程度 | 小学及以下 | 初中 | 高中/技校 | 大专/本科及以上 | 总计 |
|---|---|---|---|---|---|
| 男性 | 71 | 115 | 140 | 130 | 456 |
| 女性 | 110 | 141 | 181 | 198 | 630 |
| 总计 | 181 | 256 | 321 | 328 | 1 086 |

那么，现在问题来了：性别和文化程度之间是有联系的，还是说二者相互独立。聪明的读者也许会想通过分别计算男性和女性中各种文化程度所占的比例，再通过观察比例是否一致来进行判断。但直观的判断显然不够，即使是数据出现完全一致的情况，我们也不敢轻易对结果加以肯定。这时，就需要再次引入严谨的统计学理论进行判断。

不难看出，这个问题是关于变量相关性或独立性的判断，即可以通过检验男性中各种文化程度的比例与女性中各种文化程度的比例是否相同来加以判断，这就是卡方独立性检验的问题。

在介绍卡方检验之前，首先来认识一个重要的概念：卡方分布。

# 【知识点 1】卡方分布

设 $X_1, X_2, \cdots, X_n$ 相互独立，且都服从标准正态分布 $N(0,1)$，则称统计量

$$\chi^2 = X_1^2 + X_2^2 + \cdots + X_n^2$$

服从自由度为 $n$ 的卡方（$\chi^2$）分布，记为 $\chi^2 \sim \chi^2(n)$。卡方分布具有如下

性质。

（1）可加性：若 $X_1 = \chi^2(n_1)$ ， $X_2 = \chi^2(n_2)$ ， $X_1, X_2$ 相互独立，则 $X_1 + X_2 \sim \chi^2(n_1 + n_2)$ 。

（2）期望、方差：若 $\chi^2 \sim \chi^2(n)$ ，则 $E(\chi^2) = n$ ， $D(\chi^2) = 2n$ 。

（3） $\chi^2$ 分布图如下图所示。

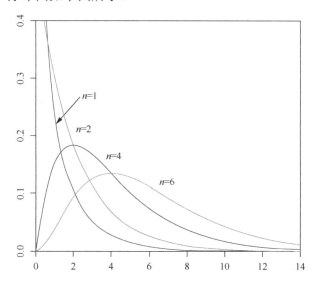

通过对卡方分布的了解，再结合假设检验的知识，就可以进一步学习卡方检验了。

# 【知识点 2】卡方检验

卡方检验是对实际值的分布数列与理论数列是否在合理范围内相符合，即样本观察次数与期望次数之间是否存在显著性差异的检验方法。卡方检验最先由统计学家卡尔·皮尔逊（Karl Pearson）提出，它对总体的分布不作任何假设，是一种非参数检验方法。Pearson 推导得出，实际观察次数（ $f_0$ ）与理论次数（期望次数， $f_e$ ）之差的平方再除以理论次数所得的

统计量，近似服从卡方分布，即

$$\chi^2 = \sum \frac{(f_0 - f_e)^2}{f_e} \sim \chi^2(n)$$

这就是 Pearson 卡方统计量的基本公式，基于卡方统计量的假设检验则称为卡方检验。从公式中不难发现卡方检验的精髓——比较实际值与期望值之间的差异。显然，实际值与期望值相差越大，即样本观测值越分散，卡方值就越大，检验的结果拒绝原假设的可能性越大；反之，检验结果没有充分理由拒绝原假设的可能性越小。

在实际运用中，卡方检验主要应用于拟合优度检验和独立性检验。两者的区别在于卡方拟合优度检验是针对总体分布的假设检验问题，即通过对总体进行假设，相应地也就预先确定了总体期望值；卡方独立性检验则是对多个因素是否独立进行判断，其总体期望值不是预先确定的，而是需要运用样本资料计算得到的。

在上述案例中，案例 1 是典型的卡方拟合优度检验问题，即运用卡方检验方法验证仙道 4 个月的迟到次数的数据资料是否服从均匀分布；案例 2 则是卡方独立性检验问题，即判断性别因素和文化程度因素是否相关。

回到案例 1 中，2013 年，仙道 4 个月迟到次数的样本期望（视作总体期望）值为

$$\frac{21 + 18 + 15 + 5}{4} = 14.75$$

代入公式计算：

$$\chi^2 = \sum \frac{(f_0 - f_e)^2}{f_e} = \frac{(21 - 14.75)^2}{14.75} + \frac{(18 - 14.75)^2}{14.75} + \frac{(15 - 14.75)^2}{14.75} + \frac{(5 - 14.75)^2}{14.75}$$
$$= 9.814 > \chi^2_{0.05}(3) = 7.815$$

因此，拒绝"仙道在 2013 年 3—6 月的迟到次数相同"的原假设，认为仙道在 2013 年 3—6 月中每月的迟到次数不相同。这当然和我们最开始的判断是一致的。明明就是一组不同的数字，它们反映的自然是具有差异

的情况。但事实果真如此吗？让我们继续往下探究仙道在 2014 年 3—6 月的迟到情况。期望值为

$$\frac{21+18+15+11}{4}=16.25$$

代入公式计算：

$$\chi^2 = \sum \frac{(f_0 - f_e)^2}{f_e} = \frac{(21-16.25)^2}{16.25} + \frac{(18-16.25)^2}{16.25} + \frac{(15-16.25)^2}{16.25} + \frac{(11-16.25)^2}{16.25}$$
$$= 3.369 < \chi^2_{0.05}(3) = 7.815$$

因此，没有充分理由拒绝"仙道在 2014 年 3—6 月的迟到次数相同"的原假设，从而认为仙道在 2014 年 3—6 月里每月的迟到次数是相同的。这是不是让人大跌眼镜？没错，卡方检验的伟大就表现在当我们翱翔在统计学的天空时其赋予我们细腻的眼神，从此再也容不下半粒沙。

有了案例 1 的"神奇"，相信读者对案例 2 中性别和文化程度是否独立的判断将会更为谨慎。以案例 2 为例。

男性中：

文化程度为小学及以下的理论人数：456×181/1 086=76.0

文化程度为初中的理论人数：456×256/1 086=107.5

文化程度为高中/技校的理论人数：456×321/1 086=134.8

文化程度为大专/本科及以上的理论人数：456×328/1 086=137.7

女性中：

文化程度为小学及以下的理论人数：630×181/1 086=105.0

文化程度为初中的理论人数：630×256/1 086=148.5

文化程度为高中/技校的理论人数：630×321/1 086=186.2

文化程度为大专/本科及以上的理论人数：$630 \times 328/1\ 086 = 190.3$

$$\chi^2 = \sum \frac{(f_0 - f_e)^2}{f_e} = \frac{(71 - 76)^2}{76} + \frac{(115 - 107.5)^2}{107.5} + \frac{(140 - 134.8)^2}{134.8} +$$

$$\frac{(130 - 137.7)^2}{137.7} + \frac{(110 - 105.0)^2}{105.5} + \frac{(141 - 148.5)^2}{148.5} +$$

$$\frac{(181 - 186.2)^2}{186.2} + \frac{(198 - 190.3)^2}{190.3}$$

$$= 2.566 < \chi^2_{0.05}(3) = 7.815$$

因此，没有充分理由拒绝"性别和文化程度相互独立"，从而认为性别因素和文化程度因素的确是相互独立的。

看来性别和文化程度是没有关系的。不过，这当然不是现实的状况。现实的情况如何我们不得而知，但假使有了真实的数据，相信卡方分析也就可以在感觉与错觉之间给出判断，让我们在统计学的世界中去辨明真与假。

# 6.2　相关性分析——早起的鸟儿有虫吃

## 【案例 1】早起的鸟儿有虫吃

"早起的鸟儿有虫吃"是劝告人们要勤劳。"The early bird catches the worm"这句英译也变得耳熟能详。尽管人们常常在为自己的懒惰行为找借口，还时不时调侃说"早起的虫儿被鸟吃"，但不得不承认这句话背后蕴含的科学道理。你知道吗？职场上的成功人士大多是起得极早的。苹果公司 CEO 蒂姆·库克（Tim Cook）在业界以早起出名，苹果的员工会在凌晨 4:30 就收到他的电子邮件，且每日如此；百事集团前 CEO 卢英德·努伊（Indra Nooyi）每天 4:00 起床；迪士尼集团 CEO 鲍勃·伊格尔（Bob Iger）每天 4:30 起床；等等。

早起能让人们更从容，有时间看书、跑步、吃一顿丰富的早餐，可为一天的工作做好更充分的准备，也就自然能提高一天的工作效率。虽然这只是笔者对于"早起"与"有虫吃"变量相关联系的直观描述，但的确有科学证实，"早起"与"有虫吃"存在着确切的相关联系。所以，你还在犹豫什么，实现梦想的第一步——早起吧！

# 【案例2】化妆品销售额与广告费的关系分析

提起《爸爸去哪儿》这档亲子节目，很多人都津津乐道。而《爸爸去哪儿》第二季的广告招标会中伊利股份以3.119 9亿元的天价拿下节目的独家冠名，更是让人们不禁感叹：人类已经无法阻止"土豪"了。自2010年央视春晚零点报时"10秒值半亿元"，再到《爸爸去哪儿》第二季3.119 9亿元的天价冠名费，不由得让人们去思考这样一个问题——巨大数额的广告费用投入真的能给企业带来更多的利润吗？这也是对销售额与广告费相关关系的思考。

下面是一项对不同地区 15 家商场有关化妆品销售额（Y）及其广告费支出（X）（单位：万元）的调查，调查资料如下。

| 序号 | Y | X | 序号 | Y | X |
|---|---|---|---|---|---|
| 1 | 20.00 | 0.20 | 9 | 40.00 | 0.43 |
| 2 | 25.00 | 0.30 | 10 | 70.00 | 0.60 |
| 3 | 24.00 | 0.20 | 11 | 48.00 | 0.55 |
| 4 | 30.00 | 0.40 | 12 | 39.00 | 0.42 |
| 5 | 32.00 | 0.35 | 13 | 42.00 | 0.40 |
| 6 | 40.00 | 0.48 | 14 | 65.00 | 0.58 |
| 7 | 28.00 | 0.30 | 15 | 56.00 | 0.51 |
| 8 | 50.00 | 0.58 | | | |

为直观展示，绘制 *X-Y* 的散点关系图如下图所示。

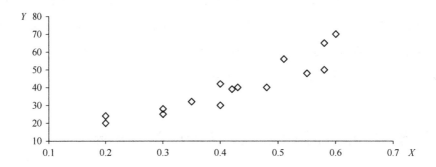

通过观察 *X-Y* 的散点图可以清晰地发现，*X* 与 *Y* 具有明显的同增同减关系，即广告费支出越大的化妆品商确实相应有更高的销售额。这也就有了足够的把握可以说明广告费用的支出确实可以带动销售额的增长。根据伊利股份 2014 年发布的三季报，继 2013 年年底冠名《爸爸去哪儿》后，伊利股份前三季度营业收入同比增长 14.13%，归属于上市公司股东的净利润同比增长 41.44%。广告在其中的作用可见一斑。在明白了企业广告支出与销售额之间的相关关系后，相信读者对于伊利股份又于 2014 年 10 月份以 5 亿元的天价签下《爸爸去哪儿 3》的冠名权，也就能够很好地理解了。

# 【知识点 1】相关关系

相关关系是指变量之间客观存在的相互依存关系。

需要与函数关系进行区分的是，相关关系是一种非严格确定的依存关系，即当一个或几个相互联系的自变量取一定的数值时，与之对应的因变量往往会出现几个不同的值。当然，相关关系对数值的差异有一定的要求，要求这些数值必须按某种规律在一定范围内变化。如案例 2 中第一组和第三组数据中有相同的 *X*，但 *Y* 不相同，这个现象很容易解释：*Y* 的变化不仅

仅由 $X$ 决定，还会受到其他因素的影响。相关关系则是对同一自变量取值下对应的不同因变量取值之间的差异处在较小范围内的约束。

需要说明的是，相关关系按不同的维度可以有不同的分类。按所涉及变量的多少，相关关系可以分为单相关、复相关和偏相关；按相关的密切程度可分为完全相关、不完全相关和不相关；按表现形态不同，可分为线性相关和非线性相关；按相关方向的不同，可以分为正相关和负相关。其中，单相关、复相关和偏相关区分如下。

- 单相关，指一个变量对另一个变量的相关关系。

- 复相关，指一个变量对两个或两个以上其他变量的相关关系。

- 偏相关，指在某一现象与多种现象相关的场合，当假定其他变量不变时，其中两个变量的相关关系。

# 【知识点 2】相关分析

相关分析是指研究一个变量与另一个变量或另一组变量之间相关关系（相关方向和相关密切程度）的统计分析方法。

从定义中可以发现，相关分析主要是对相关关系在方向和密切程度上的把握，可以视为两个过程：一方面是对相关方向的判断，即正相关还是负相关；另一方面则是对相关程度的衡量，即完全相关、不完全相关或者不相关。需要注意的是，相关程度的衡量往往只是针对不完全相关。

当然，有时候根据实际问题的需要可能会简化甚至只进行变量间相关方向的判断，如案例 1 便是对"早起"和"工作效率高"是否正相关的判断。并且，通常我们进行的是线性相关的关系分析，这样就只需要运用接下来的相关系数进行一次测算就可以了。

# 【知识点3】相关表、相关图和相关系数

相关系数的测度可以从相关表、相关图和相关系数三个角度进行。其中，相关表和相关图即案例 2 中所引用的统计表格和散点图。

相关系数是对变量之间线性关系的密切程度进行度量的统计量，通常记为 $\rho$（$\rho$ 表示相关系数是基于总体数据计算得到的，在运用中依据样本数据计算的记为 $r$）。设两个总体 $X$，$Y$，维度均为 $n$，它们的相关系数计算公式为

$$\rho = \frac{\sum_{i=1}^{n}(x_i - \overline{x})(y_i - \overline{y})}{\sqrt{\sum_{i=1}^{n}(x_i - \overline{x})^2 \sum_{i=1}^{n}(y_i - \overline{y})^2}} = \frac{\mathrm{Cov}(X,Y)}{\sqrt{D(X)}\sqrt{D(Y)}}$$

其中，$\mathrm{Cov}(X,Y)$ 为 $X$ 与 $Y$ 之间的协方差，$D(X)$ 和 $D(Y)$ 为方差。

从数学上容易证明相关系数 $\rho$ 的取值范围为 $[-1,1]$。当 $0 < \rho \leqslant 1$ 时，表示 $X$ 与 $Y$ 为正线性相关关系；当 $-1 \leqslant \rho < 0$ 时，二者为负线性相关关系；当 $|\rho|=1$ 时，为完全线性关系；当 $\rho=0$ 时，不存在线性相关关系。

回到案例 2 中，容易计算得 $D(x) = 0.017\,4$，$D(y) = 223.828\,6$，$\mathrm{Cov}(x,y) = 1.690\,7$。从而，

$$r = \frac{\mathrm{Cov}(x,y)}{\sqrt{D(x)}\sqrt{D(y)}} = \frac{1.690\,7}{\sqrt{0.017\,4 \times 223.828\,6}} = 0.917\,9$$

需要注意的是，当用样本数据计算样本相关系数时，由于样本量 $n$ 较小，计算出的 $r$ 的绝对值通常会很大（接近 1）。特别是当 $n = 2$ 时，$|r|=1$ 恒成立。因此，当样本量 $n$ 较小时，不能仅凭相关系数较大就认为变量间有

密切的线性关系。这时就需要对相关系数是否为 0 进行假设检验。通常，采用 T 检验方法。假设检验的原假设为 $H_0 : \rho = 0$。

## 【知识点 4】$t$ 统计量

费雪（Fisher）证明，检验统计量 $t = |r| \sqrt{\dfrac{n-2}{1-r^2}} \sim t(n-2)$。

代入案例 2 中，$t = |0.917\,9| \sqrt{\dfrac{15-2}{1-0.917\,9^2}} = 8.340\,3 > t_{0.025}(13) = 2.160\,4$

因此拒绝原假设，认为 $X$ 和 $Y$ 的相关系数显著不为零，也就证明了 $X$ 与 $Y$ 真实存在很强的线性相关性。

# 6.3　ANOVA——地域，我们没有什么不同

## 【案例】"地域歧视"问题

在信息化时代背景下，地球尚且仅是一个"村庄"，万里路程一日可达。地区间的交流、沟通不间断进行，我们很容易看到别处的风景，从而增进彼此的了解，"地域歧视"的现象应不复存在。那么实际情况是怎样的呢？这当然不是此处所要讨论的内容。不过，在此不妨假设进行了一项调查，研究地理位置与歧视之间的关系。调查选择了 A，B，C，D 四地各 5 人组成样本，对每个调查对象给出了测量歧视程度的一个标准化检验，搜集到下表中的资料，较高的得分表示较高的"地域歧视"水平。

| 试 验 号 | 地 区 | | | |
|---|---|---|---|---|
| | A | B | C | D |
| 1 | 3 | 8 | 10 | 8 |
| 2 | 7 | 11 | 7 | 8 |
| 3 | 7 | 9 | 3 | 5 |
| 4 | 3 | 7 | 5 | 5 |
| 5 | 8 | 8 | 11 | 2 |
| 列和 | 28 | 43 | 36 | 28 |
| 均值 | 5.6 | 8.6 | 7.2 | 5.6 |

从表中能看出什么结论呢？似乎能发现 B 地的均值最高，这可以反映出 B 地存在的"地域歧视"现象最严重吗？还有 A 地和 D 地均值相同，难道它们之间的"地域歧视"程度是相同的吗？

在经历过 T 检验之后再面对上面的问题，读者显然会更加从容。不难发现案例中的问题就是检验多个总体的均值是否存在显著差异的问题。回顾之前学习的 T 检验方法，我们知道 T 检验可以用来检验两个总体的均值是否有显著的差异。但是，当面对多个总体时，采用 T 检验显然费时费力，甚至无法得出一个很好的结果。在这样的背景下，方差分析应运而生。

# 【知识点 1】方差分析

同时判断多个正态总体均值是否相等的统计方法，称为方差分析（Analysis of Variance，ANOVA）。其原假设一般为

$$H_0 : \mu_1 = \mu_2 = \cdots = \mu_s$$

方差分析的基本思想是将试验得到的数据的差异分为两类来源（随机因素和试验条件，可有多个试验条件），基于可加性假设对试验数据的差异进行分解，分析不同来源的差异对总体的影响是否显著，只有当所有试验条件对总体的影响均不显著时，才能认为各总体均值之间不存在显著的差异。

根据方差分析的思想，案例 1 的问题首先是原假设为 $H_0 : \mu_A = \mu_B = \mu_C = \mu_D$ 的假设检验问题，数据的差异可划分为随机因素和地区因素，通过分析地区因素对试验（即受访者"歧视"程度）的影响是否显著，进而可以判断地区间的"地区歧视"程度是否存在差异。

在解决问题之前，让我们先来学习方差分析。

# 【知识点 2】方差分析统计模型

假设试验条件为因素 $A$，$A$ 有 $s$ 个状态 $A_1, A_2, \cdots, A_s$，在状态 $A_j (j = 1, 2, \cdots, s)$ 下进行 $n_j$ $(n_j \geq 2, \sum_{j=1}^{s} n_j = n)$ 次独立试验，得到的数据结构如下表所示。

| 水　平 | $A_1$ | $A_2$ | $\cdots$ | $A_s$ |
|---|---|---|---|---|
| 观 测 值 | $x_{11}$ | $x_{12}$ | $\cdots$ | $x_{1s}$ |
| | $x_{21}$ | $x_{22}$ | $\cdots$ | $x_{2s}$ |
| | $\vdots$ | $\vdots$ | | $\vdots$ |
| | $x_{n_1 1}$ | $x_{n_2 2}$ | $\cdots$ | $x_{n_s s}$ |
| 样本总和 | $x_{\cdot 1}$ | $x_{\cdot 2}$ | $\cdots$ | $x_{\cdot s}$ |
| 样本期望 | $\bar{x}_{\cdot 1}$ | $\bar{x}_{\cdot 2}$ | $\cdots$ | $\bar{x}_{\cdot s}$ |
| 总体期望 | $\mu_1$ | $\mu_2$ | $\cdots$ | $\mu_s$ |

基本假设：

（1）每个总体都应服从正态分布。

（2）各个总体方差必须相同。

（3）观察值是独立的。

显然，上述 3 个基本假设是将方差分析限定在针对正态总体的分析，以及对样本为来自同一总体的简单随机样本的要求。

（4）可加性假设：$\bar{x}_{ij} = \mu_j + \varepsilon_{ij}$，$i = 1, 2, \cdots, n_j$；$j = 1, 2, \cdots, s$

其中，$\varepsilon_{ij}$ 为服从标准正态分布的随机误差项。由于方差分析是针对正态总体的检验方法，因此，也就容易证明可加性假设的科学性。为了计算各状态（$A_j$）对具体观测值的影响，故引入效应指标 $\delta_j$，即

$$\delta_j = \mu_j - \mu，\quad j = 1, 2, \cdots, s$$

其中，$\mu = \dfrac{1}{n} \sum_{j=1}^{s} n_j \mu_j$ 为总平均值。不难看出，$\delta_j$ 反映的是状态 $A_j$ 对样本 $X_{ij}$ 的影响，且有 $\sum_{j=1}^{s} \delta_j = 0$。至此，建立的单因素试验的统计模型为

$$\begin{cases} \bar{x}_{ij} = \mu + \delta_j + \varepsilon_{ij}, \ i = 1, 2, \cdots, n_j \ ; \ j = 1, 2, \cdots, s \\ \sum_{j=1}^{s} \delta_j = 0 \\ \varepsilon_{ij} \sim N\left(0, \sigma^2\right), \ \text{各} \ \varepsilon_{ij} \text{独立} \end{cases}$$

基于此，方差分析的原假设可转换为 $H_0 : \delta_1 = \delta_2 = \cdots = \delta_s = 0$。这样就将方差分析由对同均值的检验转化为对试验条件是否有显著影响的检验。

# 【知识点 3】离差平方和及其分解

总离差平方和（SST）为

$$\mathrm{SST} = \sum_{j=1}^{s} \sum_{i=1}^{n_j} (x_{ij} - \overline{x})^2$$

其中，$\overline{x} = \dfrac{1}{n} \sum_{j=1}^{s} \sum_{i=1}^{n_j} x_{ij}$ 为样本总平均。总离差平方和反映所有样本之间总变异的程度。

组内离差平方和（SSE）为

$$\mathrm{SSE} = \sum_{j=1}^{s} \sum_{i=1}^{n_j} (x_{ij} - \overline{x}_{\cdot j})^2$$

组间离差平方和（SSA）为

$$\mathrm{SSA} = \sum_{j=1}^{s} \sum_{i=1}^{n_j} (\overline{x}_{\cdot j} - \overline{x})^2 = \sum_{j=1}^{s} n_j \overline{x}_{\cdot j}^2 - n\overline{x}^2$$

组内离差平方和，又称残差平方和，反映各状态样本观测值与样本均值的差异，即表示随机误差项，通常也称作误差平方和；组间离差平方和反映各状态下的样本期望与样本总平均的差异，这是由各状态的效应和随机误差引起的，通常也称作效应平方和。

通过数学计算，可对总平方和进行分解，得

$$
\begin{aligned}
\mathrm{SST} &= \sum_{j=1}^{s} \sum_{i=1}^{n_j} [(x_{ij} - \overline{x}_{\cdot j}) + (\overline{x}_{\cdot j} - \overline{x})]^2 \\
&= \sum_{j=1}^{s} \sum_{i=1}^{n_j} (x_{ij} - \overline{x}_{\cdot j})^2 + \sum_{j=1}^{s} \sum_{i=1}^{n_j} (\overline{x}_{\cdot j} - \overline{x})^2 + 2 \sum_{j=1}^{s} \sum_{i=1}^{n_j} (x_{ij} - \overline{x}_{\cdot j})(\overline{x}_{\cdot j} - \overline{x}) \\
&= \mathrm{SSE} + \mathrm{SSA} + 2 \sum_{j=1}^{s} (\overline{x}_{\cdot j} - \overline{x}) \left[ \sum_{i=1}^{n_j} (x_{ij} - \overline{x}_{\cdot j}) \right]
\end{aligned}
$$

由于 $\bar{x}_{\cdot j} = \dfrac{1}{n_j}\sum\limits_{i=1}^{n_j} x_{ij}$ ，$\sum\limits_{i=1}^{n_j}(x_{ij} - \bar{x}_{\cdot j}) = 0$ ，故可求得最终的离差平方和分解式为

$$SST = SSE + SSA$$

在此进一步对三个统计量的自由度进行说明：

- 对于 SST，由于受 $\sum\limits_{j=1}^{s}\sum\limits_{i=1}^{n_j}(x_{ij} - \bar{x}) = 0$ 的约束，因此其自由度为 $ns - 1$ 。

- 对于 SSE，由于约束条件为 $\sum\limits_{i=1}^{n_j}(x_{ij} - \bar{x}_{\cdot j}) = 0$ （ $j = 1,2,\cdots,s$ ），因此其自由度为 $ns - s$ 。

- 对于 SSA，由于约束条件为 $\sum\limits_{j=1}^{s}(\bar{x}_{\cdot j} - \bar{x}) = 0$ ，因此其自由度为 $n - s$ 。

从离差平方和的定义中可以发现，各离差平方和的大小与观测值的多少有关，为消除其对离差平方和的影响，需要将其平均，也就产生了均方的概念。

# 【知识点4】均方

离差平方和与其自由度的比值，称为该离差平方和的均方，记为 MS。

组内均方： $MSE = SSE / (n - s)$

组间均方： $MSA = SSA / (s - 1)$

不难看出，均方具有方差的性质，因此 MSE 和 MSA 也通常分别称为组内方差、组间方差。

## 【知识点 5】$F$ 统计量

$F$ 统计量为

$$F = \frac{\text{SSA}/(s-1)}{\text{SSE}/(n-s)} = \frac{\text{MSA}}{\text{MSE}} \sim F(s-1, n-s)$$

证明：当原假设 $H_0$ 成立时，由定理 $\dfrac{(n-1)s^2}{\sigma^2} = \dfrac{\sum\limits_{i=1}^{n}(x_i - \overline{x})^2}{\sigma^2} \sim \chi^2(n-1)$，

有

$$\frac{\text{SST}}{\sigma^2} = \frac{\sum\limits_{j=1}^{s}\sum\limits_{i=1}^{n_j}(x_{ij} - \overline{x})^2}{\sigma^2} = \frac{(n-1)s^2}{\sigma^2} \sim \chi^2(n-1)$$

且

$$\frac{\sum\limits_{i=1}^{n_j}(x_{ij} - \overline{x}_{\cdot j})^2}{\sigma^2} = \frac{(n_j-1)s_j^2}{\sigma^2} \sim \chi^2(n_j - 1)$$

又 $\text{SSE} = \sum\limits_{i=1}^{n_1}(x_{i1} - \overline{x}_{\cdot 1})^2 + \sum\limits_{i=1}^{n_2}(x_{i2} - \overline{x}_{\cdot 2})^2 + \cdots + \sum\limits_{i=1}^{n_s}(x_{is} - \overline{x}_{\cdot s})^2$，由 $\chi^2$ 分布可加性知

$$\frac{\text{SSE}}{\sigma^2} \sim \chi^2(n-s)$$

由于 $\dfrac{\text{SST}}{\sigma^2} = \dfrac{\text{SSE}}{\sigma^2} + \dfrac{\text{SSA}}{\sigma^2}$，且 $n-1 = (n-s) + (s-1)$，根据 Cochran 分解定理有

$$\frac{\text{SSA}}{\sigma^2} \sim \chi^2(s-1)，\quad 且 \frac{\text{SSE}}{\sigma^2} 与 \frac{\text{SSA}}{\sigma^2} 相互独立$$

故由 $F$ 分布定义知：$F = \dfrac{\text{SSA}}{(s-1)\sigma^2} \Big/ \dfrac{\text{SSE}}{(n-s)\sigma^2} = \dfrac{\text{MSA}}{\text{MSE}} \sim F(s-1, n-s)$，得证。

# 【知识点6】方差分析表

为简化方差分析的过程，通常将分析结果排成一个表格，这个用于反映方差分析过程的表格称为方差分析表。其基本形式如下表所示。

| 方差来源 | 平方和 | 自由度 | 均　　方 | F 值 |
|---|---|---|---|---|
| 因素 $A$ | SSA | $s-1$ | $\text{MSA} = \text{SSA}/(s-1)$ | $F_A = \dfrac{\text{MSA}}{\text{MSE}}$ |
| 误差 | SSE | $n-s$ | $\text{MSE} = \text{SSE}/(n-s)$ | — |
| 总和 | SST | $n-1$ | — | — |

若 $F_A > F_\alpha(s-1, n-s)$，则在显著性水平 $\alpha$ 下拒绝原假设，认为各总体均值存在显著差异；反之，没有充分理由拒绝原假设，认为各总体均值没有显著的差异。

至此，就有了一套系统的方差分析理论。现在，就可以解决本节案例的问题了。案例的方差分析表如下所示。

| 方差来源 | 平方和 | 自由度 | 均　　方 | F 值 |
|---|---|---|---|---|
| 因素 $A$ | 31.350 0 | 3 | 10.450 0 | 1.632 8 |
| 误差 | 102.400 0 | 16 | 6.400 0 | |
| 总和 | 133.750 0 | 19 | | |

由于 $F_{0.05}(3,16) = 3.24 > 1.632\,8$，因此没有充分的理由拒绝原假设，从而可认为四个地区的歧视水平是相同的。

通过上述系统的介绍，相信读者对方差分析有了一个初步的了解。当然，从一开始笔者在介绍方差分析的时候就曾提到同一试验中可以存在多个试验条件，根据试验所安排的影响因素的多少，方差分析可以分为单因素试验、双因素试验和多因素试验的方差分析。上述都是在阐释针对一个影响因素数据的单因素方差分析方法。有了单因素方差分析理论的沉淀，接下来再来揭开双因素方差分析的面纱。

需要说明的是，方差分析对基本假设的要求都是同样的正态总体和简单随机样本的限定。根据双因素试验是否重复，双因素方差分析又有所区别。双因素无重复试验面临的数据结构如下表所示。

| 因素 A | 因素 B | | | | 合计 $x_{i\cdot}$ | 平均 $\bar{x}_{i\cdot}$ |
| --- | --- | --- | --- | --- | --- | --- |
| | $B_1$ | $B_2$ | … | $B_s$ | | |
| $A_1$ | $x_{11}$ | $x_{12}$ | … | $x_{1s}$ | $x_{1\cdot}$ | $\bar{x}_{1\cdot}$ |
| $A_2$ | $x_{21}$ | $x_{22}$ | … | $x_{2s}$ | $x_{2\cdot}$ | $\bar{x}_{2\cdot}$ |
| ⋮ | ⋮ | ⋮ | ⋮ | ⋮ | ⋮ | ⋮ |
| $A_r$ | $x_{r1}$ | $x_{r2}$ | … | $x_{rs}$ | $x_{r\cdot}$ | $\bar{x}_{r\cdot}$ |
| 合计 $x_{\cdot j}$ | $x_{\cdot 1}$ | $x_{\cdot 2}$ | … | $x_{\cdot s}$ | $x_{\cdot\cdot}$ | — |
| 平均 $\bar{x}_{\cdot j}$ | $\bar{x}_{\cdot 1}$ | $\bar{x}_{\cdot 2}$ | … | $\bar{x}_{\cdot s}$ | — | $\bar{x}_{\cdot\cdot}$ |

由于方差分析对序列的可加性假定，因此，可建立的统计模型为

$$\begin{cases} x_{ij} = \mu + \alpha_i + \beta_j + \varepsilon_{ij}, \ i=1,2,\cdots,r; \ j=1,2,\cdots,s \\ \sum_{i=1}^{r}\alpha_i = 0, \ \sum_{j=1}^{s}\beta_j = 0 \\ \varepsilon_{ij} \sim N\left(0,\sigma^2\right), \ 各\varepsilon_{ij}独立 \end{cases}$$

其中，$\alpha_i = \mu_{i\cdot} - \mu$，$\beta_j = \mu_{\cdot j} - \mu$。$\mu_{i\cdot}$，$\mu_{\cdot j}$ 分别为样本行、列均值的总体统计量，称 $\alpha_i$，$\beta_j$ 分别为因素 $A$，$B$ 的效应。所要进行的假设检验为

$$H_{01}: \alpha_1 = \alpha_2 = \cdots = \alpha_r = 0$$
$$H_{02}: \beta_1 = \beta_2 = \cdots = \beta_s = 0$$

对离差平方和进行分解，得

$$SST = \sum_{i=1}^{r}\sum_{j=1}^{s}(x_{ij} - \overline{x}_{..})^2$$

$$= \sum_{i=1}^{r}\sum_{j=1}^{s}[(x_{i\cdot} - \overline{x}_{..}) + (\overline{x}_{\cdot j} - \overline{x}_{..}) + (x_{ij} - \overline{x}_{i\cdot} - \overline{x}_{\cdot j} + \overline{x}_{..})]^2$$

$$= s\sum_{i=1}^{r}(x_{i\cdot} - \overline{x}_{..})^2 + r\sum_{j=1}^{s}(\overline{x}_{\cdot j} - \overline{x}_{..})^2 + \sum_{i=1}^{r}\sum_{j=1}^{s}(x_{ij} - \overline{x}_{i\cdot} - \overline{x}_{\cdot j} + \overline{x}_{..})^2$$

根据单因素试验的方差分析，不难证明各交叉项的值为 0，因此得到平方和分解式为

$$SST = SSA + SSB + SSE$$

同样的，容易得到各平方和的自由度，并构造得到 $F$ 统计量，最终列出方差分析表如下。

| 方差来源 | 平方和 | 自由度 | 均　　方 | $F$ 值 |
|---|---|---|---|---|
| 因素 $A$ | SSA | $r-1$ | $MSA = SSA/(r-1)$ | $F_A = \dfrac{MSA}{MSE}$ |
| 因素 $B$ | SSB | $s-1$ | $MSB = SSB/(s-1)$ | $F_B = \dfrac{MSB}{MSE}$ |
| 误差 | SSE | $(r-1)(s-1)$ | $MSE = SSE/(n-s)$ | — |
| 总和 | SST | $rs-1$ | — | — |

若 $F_A > F_\alpha[r-1, (r-1)(s-1)]$，则在显著性水平 $\alpha$ 下拒绝原假设 $H_{01}$，认为因素 $A$ 影响显著，否则认为因素 $A$ 影响不显著；若 $F_B > F_\alpha[s-1, (r-1)(s-1)]$，则在显著性水平 $\alpha$ 下拒绝原假设 $H_{02}$，认为因素 $B$ 影响显著，否则认为因素 $B$ 影响不显著。

接下来讨论双因素有重复试验的方差分析，其数据结构如下表所示。

| | | 因素 $B$ | | | |
|---|---|---|---|---|---|
| | | $B_1$ | $B_2$ | $\cdots$ | $B_s$ |
| 因素 $A$ | $A_1$ | $x_{111},\cdots,x_{11t}$ | $x_{121},\cdots,x_{12t}$ | $\cdots$ | $x_{1s1},\cdots,x_{1st}$ |
| | $A_2$ | $x_{211},\cdots,x_{21t}$ | $x_{1s1},\cdots,x_{1st}$ | $\cdots$ | $x_{2s1},\cdots,x_{2st}$ |
| | $\vdots$ | $\vdots$ | $\vdots$ | | $\vdots$ |
| | $A_r$ | $x_{r11},\cdots,x_{r1t}$ | $x_{r21},\cdots,x_{r2t}$ | $\cdots$ | $x_{rs1},\cdots,x_{rst}$ |

不难看出，与无重复试验数据对比，其中的差异仅在于重复试验过程进一步讨论了因素与因素间的交互作用。也就是说考虑了由于因素 $A$ 受到因素 $B$ 的影响产生的或反向、或双向的作用导致对试验结果产生的第三方的影响。这在下面建立的统计模型中也可得到反映。

$$\begin{cases} x_{ijk} = \mu + \alpha_i + \beta_j + \gamma_{ij} + \varepsilon_{ijk}, \ i = 1,2,\cdots,r \ ; \ j = 1,2,\cdots,s \\ \sum_{i=1}^{r} \alpha_i = 0 \ , \ \sum_{j=1}^{s} \beta_j = 0 \ , \ \sum_{i=1}^{r}\sum_{j=1}^{s} \gamma_{ij} = 0 \\ \varepsilon_{ijk} \sim N\left(0,\sigma^2\right), \ \text{各} \varepsilon_{ij} \text{独立} \end{cases}$$

其中，$\gamma_{ij} = \mu_{ij} - \mu_{i\cdot} - \mu_{\cdot j} + \mu$ 为 $A_iB_j$ 搭配形成的交互作用 $A \times B$ 的交互效应。针对模型的假设检验问题为

$$H_{01} : \alpha_1 = \alpha_2 = \cdots = \alpha_r = 0$$
$$H_{02} : \beta_1 = \beta_2 = \cdots = \beta_s = 0$$
$$H_{03} : \gamma_{11} = \gamma_{12} = \cdots = \gamma_{rs} = 0$$

类似的，离差平方和可分解为

$$\mathrm{SST} = \mathrm{SSA} + \mathrm{SSB} + \mathrm{SS}_{A \times B} + \mathrm{SSE}$$

与上述讨论同样，可列出方差分析表如下表所示。

| 方差来源 | 平方和 | 自由度 | 均　　方 | F 值 |
|---|---|---|---|---|
| 因素 A | SSA | $r-1$ | $\text{MSA} = \text{SSA}/(r-1)$ | $F_A = \dfrac{\text{MSA}}{\text{MSE}}$ |
| 因素 B | SSB | $s-1$ | $\text{MSB} = \text{SSB}/(s-1)$ | $F_B = \dfrac{\text{MSB}}{\text{MSE}}$ |
| 交互作用 $A \times B$ | $\text{SS}_{A\times B}$ | $(r-1)(s-1)$ | $\text{MS}_{A\times B} = \text{SS}_{A\times B}/(r-1)(s-1)$ | $F_B = \dfrac{\text{MS}_{A\times B}}{\text{MSE}}$ |
| 误差 | SSE | $rs(k-1)$ | $\text{MSE} = \text{SSE}/[rs(k-1)]$ | — |
| 总和 | SST | $rsk-1$ | — | — |

最后，还需要注意一个问题。一开始引出方差分析是为了进行多个正态总体均值的差异性检验，为什么在后面却不断地分析各个因素的影响是否显著呢？其实这并不矛盾，方差分析先通过检验各影响因素的作用是否显著，再据此对总体之间的差异性进行判断。显然，只有当各影响因素的作用均不显著时，才能认为各总体均值之间不存在显著的差异。

# 6.4　回归分析——对不起，其实我也想长高

## 【案例 1】子女身高的遗传发现

1855 年，著名遗传学家弗朗西斯·高尔顿（Francis Galton）发表了一篇名为《遗传的身高向平均数方向的回归》的文章，他分析子女身高与父母身高之间的关系，发现个子高的父母其子女的个子也高，而个子矮的父母其子女个子也矮。他试图将儿子的身高与父母身高拟合出一种线形关系。但他同时也注意到，尽管儿子的身高与父母身高可以拟合出一个较好的线形关系，但存在一个现象：平均来说子女的身高不比他们双亲的高，也不比双亲的矮。高尔顿把这一现象叫作"向平均数方向的回归"。这也就是统

计学上"回归"一词最早的出现。虽然高尔顿的发现只是一种特殊情况，与线形关系拟合的一般规则无关，但"线形回归"的术语仍因此沿用下来，作为根据一种变量（父母身高）预测另一种变量（子女身高）的一般名称沿用至今。

# 【案例2】身高的地区差异分析

在人们的脑海中常常会有一个关于北方人的概念——"北方大汉"，似乎北方的人都长得比较高大，而实际情况好像也是如此。笔者本科班上就有几个来自北方的男生，他们的身高相对大多数同学来说确实要长得高大一些。我们不禁思考，难道北方人的身高真的更为高大吗？为此，笔者收集了中国20个城市的成年男子的平均身高资料（数据来源：美联社《2005年上半年东亚统计年鉴》），以及省会城市的纬度坐标，整理结果如下表所示（单位：厘米）。

|  | 平均身高（Y） | 纬度（X） |  | 平均身高（Y） | 纬度（X） |
|---|---|---|---|---|---|
| 1 | 174.17 | 39.9 | 11 | 171.17 | 31.23 |
| 2 | 174.15 | 41.8 | 12 | 171.03 | 32.07 |
| 3 | 174.13 | 45.8 | 13 | 171.01 | 34.75 |
| 4 | 173.61 | 36.67 | 14 | 169.24 | 31.83 |
| 5 | 173.03 | 38.47 | 15 | 169 | 30.28 |
| 6 | 172.50 | 40.83 | 16 | 168.9 | 26.08 |
| 7 | 172.48 | 38.05 | 17 | 168.34 | 28.68 |
| 8 | 172.22 | 36.07 | 18 | 167.55 | 20.03 |
| 9 | 171.91 | 39.13 | 19 | 167.48 | 22.82 |
| 10 | 171.64 | 37.87 | 20 | 168.83 | 23.13 |

同样，为直观展示，绘制 *X-Y* 的散点关系图如下图所示。

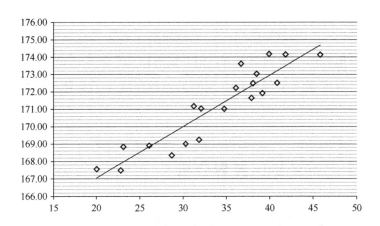

从图中可以发现，$X$ 与 $Y$ 具有明显的正相关关系。随着 $X$ 的增加，$Y$ 也在不断地增加，身高和地区纬度之间存在着回归关系，即随着地区纬度的增加，地区成年男子的身高不断增加。关于南北方身高存在着差异显然是已经被证实了的结论，为了深入定量这一关系，就要引入本节的重点知识——回归分析。

# 【知识点 1】回归分析

回归分析是指根据相关关系的具体形态，选择一个合适的数学模型来近似地表达变量间平均变化关系的统计分析方法。

根据自变量的数量，回归分析有一元回归和多元回归之分。其中，一元回归指只涉及一个自变量的回归（如案例 2 中自变量仅有一个 $X$）；多元回归指涉及两个及以上自变量的回归。根据变量（或参数）的形式回归分析又可分为线性回归和非线性回归。其中，线性回归是指因变量的条件期望是自变量（或参数）的线性函数。

回到案例 2，建立身高和地区纬度之间的一元线性回归模型为

$$Y_i = \beta_1 + \beta_2 X_i + u_i$$

## 【知识点 2】随机误差项

随机误差项是代表所有对因变量有影响但未能包括在回归模型中的那些变量的替代变量。在案例 2 中建立一元线性回归模型，其目的在于度量地区纬度（$X$）对身高（$Y$）的影响，其他因素对 $Y$ 的影响则都以随机误差项 $u$ 替代。通常，需要假定随机误差项具有如下性质：

$$\begin{cases} E(u_i) = 0 \\ \mathrm{Var}(u_i) = \sigma^2 \end{cases}$$

于是，一元线性回归模型有 $E\left(Y_i|X_i\right) = \hat{\beta}_1 + \hat{\beta}_2 X_i$。其中，$Y$ 的条件期望 $E\left(Y|X_i\right)$ 是 $X_i$ 的线性函数（根据变量为线性可认定为线性回归），也是关键参数 $\beta_2$ 的线性函数（根据参数为线性可认定为线性回归）。

建立了模型以后，我们自然会想到要去求得未知参数。运用样本数据进行参数估计可以得到 $\hat{\beta}_1$，$\hat{\beta}_2$，从而建立模型：$Y_i = \beta_1 + \beta_2 X_i + e_i$。其中，$e_i$ 为残差项，是对于随机误差项 $u_i$ 的估计量。

在参数估计时，为了得到优良的估计量，通常使用最小二乘法进行估计。

## 【知识点 3】最小二乘法

最小二乘法（Ordinary Least Squares，OLS）是由伟大的数学家高斯最早提出和使用的，其原理在于使残差平方和最小，即通过求解使残差平方和尽可能小。残差平方和如下。

$$\sum e_i^2 = \sum (Y_i - \hat{Y}_i)^2 = \sum (Y_i - \hat{\beta}_1 - \hat{\beta}_2 X_i)^2$$

由微积分的知识可知，在 $\sum e_i^2$ 对 $\hat{\beta}_1$ 和 $\hat{\beta}_2$ 的偏导数为 0 时，$\sum e_i^2$ 的值最小。即

$$
\begin{cases}
\dfrac{\partial \sum e_i^2}{\partial \hat{\beta}_1} = -2\sum(Y_i - \hat{\beta}_1 - \hat{\beta}_2 X_i) = 0 \\[2mm]
\dfrac{\partial \sum e_i^2}{\partial \hat{\beta}_2} = -2\sum(Y_i - \hat{\beta}_1 - \hat{\beta}_2 X_i)X_i = 0
\end{cases}
$$

经整理，得正规方程组：

$$
\begin{cases}
\sum Y_i = n\hat{\beta}_1 + \hat{\beta}_2 \sum X_i \\
\sum X_i Y_i = \hat{\beta}_1 \sum X_i + \hat{\beta}_2 \sum X_i^2
\end{cases}
$$

求解方程组，可得

$$
\begin{cases}
\hat{\beta}_2 = \dfrac{\sum(X_i - \bar{X})\sum(Y_i - \bar{Y})}{\sum(X_i - \bar{X})^2} = \dfrac{S_{XY}}{S_{XX}} \\[3mm]
\hat{\beta}_1 = \bar{Y} - \hat{\beta}_2 \bar{X}
\end{cases}
$$

其中，令统计量 $S_{XX} = \sum(X_i - \bar{X})^2$，$S_{XY} = \sum(X_i - \bar{X})\sum(Y_i - \bar{Y})$，仅是为了公式的简化。

运用最小二乘法，根据案例 2 的数据可以建立身高和地区纬度间的线性回归模型为

$$
\hat{Y}_i = 161.114 + 0.296 X_i
$$

根据回归方程可知回归系数为 0.296，表示在其他因素保持不变的情况下，地区纬度每增加 1 个单位，地区成年男子的身高将增加 0.296 厘米。这样就量化了地区纬度对身高的影响。

当然，建立了回归方程后回归分析并没有结束。

在 6.2 节中，我们知道，当样本量 $n$ 较小时，不能仅凭相关系数较大就

认为变量间有密切的线性关系，在回归分析中也是如此。因此，同样需要采用 T 检验、F 检验对系数的显著性进行判断。同时，关于模型对序列的拟合效果通常需要进行拟合优度的度量。

# 【知识点 4】回归分析 T 检验

原假设：$H_0 : \beta_2 = 0$。

构造检验统计量：$t = \dfrac{\hat{\beta}_2 - \beta_2}{\hat{\sigma}} \sqrt{S_{xx}} \sim t(n-2)$ （证明过程如下）。

拒绝域：当 $|t| > t_{\alpha/2}(n-2)$ 时，拒绝原假设，认为 $\beta_2$ 显著不为零，从而 $X$ 对 $Y$ 的线性关系影响显著。

$t$ 统计量的证明如下。

1）$\hat{\beta}_2 \sim N\left( \beta_2, \dfrac{\sigma^2}{S_{xx}} \right)$

由最小二乘估计量的性质计算得到

$$E\left( \hat{\beta}_2 \right) = \beta_2 , \quad \mathrm{Var}\left( \hat{\beta}_2 \right) = \dfrac{\sigma^2}{S_{xx}}$$

由于对随机误差项作了正态分布的假定，因此容易知道总体 $Y$ 服从正态分布，从而其估计值 $\hat{Y}$ 也服从正态分布。于是不难证明 $\hat{\beta}_2$ 服从正态分布，从而有 $\hat{\beta}_2 \sim N\left( \beta_2, \dfrac{\sigma^2}{S_{xx}} \right)$，得证。

2）$\dfrac{(n-2)\hat{\sigma}^2}{\sigma^2} \sim \chi^2(n-2)$

根据 $\chi^2$ 分布的定理有 $\dfrac{\mathrm{SSE}}{\sigma^2} \sim \chi^2(n-2)$。由于总体方差的无偏估计量为 $\hat{\sigma}^2 = \dfrac{\mathrm{SSE}}{n-2}$，故 $\dfrac{(n-2)\hat{\sigma}^2}{\sigma^2} \sim \chi^2(n-2)$，得证。

于是由 $t$ 统计量的定义，得

$$t = \frac{\hat{\beta}_2 - \beta_2}{\sqrt{\sigma^2 / S_{xx}}} \Bigg/ \sqrt{\frac{(n-2)\,\hat{\sigma}^2}{\sigma^2} \Big/ (n-2)} = \frac{\hat{\beta}_2 - \beta_2}{\hat{\sigma}} \sqrt{S_{xx}} \sim t(n-2)，\text{得证。}$$

# 【知识点 5】回归分析 F 检验

回归分析的 F 检验旨在对除常系数以外其他所有系数是否显著为零进行判断。

在一元回归分析中，由于只涉及一个解释变量，因此，F 检验的目的和结果与 T 检验的目的和结果都是一致的。因此，一元回归分析中通常可以忽略进行 F 检验，这也是合理的。

但是在多元回归分析中，由于涉及多个解释变量，若运用 T 检验就出现所有变量均一致通过检验或不通过检验，这样就使再进行 F 检验的意义大打折扣。但是，实际情况是很多时候只需要建立一个整体显著有效的模型，而对模型中具体的某一影响变量不做出过多的分析；或者试图将多个变量放入模型中，通过建立显著的模型再对各变量的显著性进行检验进而判断变量对被解释变量的影响。因此在进行多元回归分析时，需要进行模型的整体有效性检验，即对除常系数以外的所有关键变量系数是否为 0 的假设检验。说到这里，相信看了前文方差分析的读者一定会觉得熟悉。没错，这里也需要进行方差检验。首先进行平方和的分解。

总离差平方和：$SST = \sum (Y_i - \bar{Y})^2$

回归平方和（SSR）：$SSR = \sum (\hat{Y}_i - \bar{Y})^2$

容易证明：$SST = SSR + SSE$

于是，方差分析表如下表所示。

| 方差来源 | 平方和 | 自由度 | 均　方 | $F$ 值 |
|---|---|---|---|---|
| 回归 | SSR | 1 | $\mathrm{MSR} = \mathrm{SSR}/1$ | $F = \dfrac{\mathrm{MSR}}{\mathrm{MSE}}$ |
| 残差 | SSE | $n-2$ | $\mathrm{MSE} = \mathrm{SSE}/(n-2)$ | — |
| 总和 | SST | $n-1$ | — | — |

若 $F > F_{\alpha}(1, n-2)$，则在显著性水平 $\alpha$ 下拒绝原假设，认为模型整体显著，否则认为模型整体不显著。

## 【知识点 6】拟合优度

拟合优度（$R^2$）是回归平方和与总离差平方和之间的比值，用来反映回归直线对总体的解释程度。计算公式为

$$R^2 = \frac{\mathrm{SSR}}{\mathrm{SST}} = \frac{\sum \left( \hat{Y}_i - \bar{Y} \right)^2}{\sum \left( Y_i - \bar{Y} \right)^2}$$

由于 $\sum \left( \hat{Y}_i - \bar{Y} \right)^2 = \sum \left( \hat{\beta}_1 + \hat{\beta}_2 X - \bar{Y} \right)^2 = \sum \left( \bar{Y} - \hat{\beta}_2 \bar{X} + \hat{\beta}_2 X - \bar{Y} \right)^2$

$$= \hat{\beta}_2^2 \sum \left( X - \bar{X} \right)^2 = \frac{[\sum (X_i - \bar{X}) \sum (Y_i - \bar{Y})]^2}{\sum \left( X - \bar{X} \right)^2}$$

因此，$R^2 = \rho^2$。

这表明，当解释变量与被解释变量间的线性相关程度越高时，建立线性回归模型的拟合效果就越好。

# 7 第 7 章

## 统 计 杂 谈

## 7.1 为什么对回归情有独钟

世界上没有无缘无故的爱。笔者学习统计 15 年了，在众多方法中最爱回归，虽不是"弱水三千只取一瓢饮"，但也可谓情有独钟。这是为什么呢？

回归分析对笔者来说有着里程碑式的意义。

这并不是因为笔者用它完成了多么重大的研究、解决了多么关键的课题，而是，当笔者还是大学校园里的一个懵懂少年时，在第一堂回归分析课上，我的那位戴着眼镜、操着一口上海口音普通话的、和蔼可亲的老师所讲述的一个故事，深深地印在我的脑海中。

他的故事中，讲到回归分析的起源和用"回归"这个词来命名的原因。

故事的主人公是生物统计学家弗朗西斯·高尔顿。

1855 年，他发表了一篇名为《遗传的身高向平均数方向的回归》的文章。该文章分析了父母身高和孩子身高之间的关系，提出由父母的身高可以预测孩子的身高：父母越高，孩子越高；父母越矮，孩子越矮。尽管他把这种关系用复杂的公式和拟合图来进行理论化，但事实上这个道理是显而易见的。

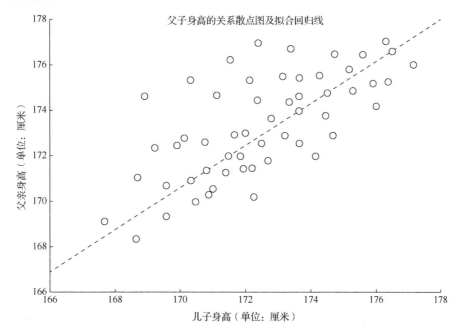

父子身高的关系散点图及拟合回归线

重点是，通过研究他发现了一个神奇的现象：父母矮的孩子比其父母长得高，而身高高的父母所生的子女的身高一般不会超过其父母。换言之，身高走向极端（非常高，或者非常矮）的人的子女的身高往往要比其父母的身高更接近人群的平均身高。

这也很好理解。如果总是高个子的男人和高个子的女人结婚，$N$ 代繁衍下去，人类的身高将不可估量，这显然不符合事实。虽然也有极个别很高的，但人类的身高总是徘徊在一个比较固定的区间内。

针对这种现象，高尔顿选择"回归"来命名这种研究方法，这个词在统计学界被沿用至今。

令我印象深刻的是这个关于"回归"的故事。在当时，它仿佛一米阳光照进我懵懂的心里，开启了笔者对科学、统计学的无限遐想。

现在或许已经将很多过往的事情遗忘，却唯独记得那个午后、那间教室和那个讲着"回归"故事的统计学老师。

后来，笔者有了两个偏爱的领域：一个是电影，另一个是游戏。

而笔者所爱的回归，和它们都有着千丝万缕的联系。

## 【回归和电影】

梦工厂的前 CEO 杰弗瑞·卡森伯格（Jeffrey Katzenberg）曾经说过"电影创作靠创造力，不靠数据分析"。

笔者十分赞同他的前半句话。电影是一门艺术。艺术是一件"follow your heart"的事情，而不是"follow the rule"的事情。没有一颗和世间万物相连的柔软的心，没有对美的灵敏的感知，不可能创作出好的电影作品。

笔者却不甚赞同他的后半句话，因为再好的作品要走进市场都需要商业运作。如何通过数据敏锐地捕捉电影在市场上的反应，并对营销策略做出及时调整，Google 在这方面深谙其道。

2013 年 Google 公布了电影票房预测模型，并声称该模型能够提前一个月预测电影上映首周的票房收入，准确度高达 94%。模型一问世就在业界引起了广泛讨论，褒贬不一。支持者认为，这个模型十分适合好莱坞电影公司，可以让它们通过预测票房来及时调整电影的营销策略，以达到利益最大化的目的；反对者则不屑一顾，觉得 Google 是"醉翁之意不在酒"，其实际目的是鼓励电影公司购买他们的搜索广告。

这个模型的诞生并非偶然，而是一个水到渠成的过程。首先，互联网的迅猛发展改变了人们的行为和思维模式。其次，大数据在电影行业中的应用也逐步展开端倪。最后，电影的搜索量必然和票房有着某种程度的相关，这非常符合常理。

Google 决定用回归模型来完成预测。

刚开始 Google 用的是一元线性模型，只用搜索量这样一个指标来预测票房收入，结果可决系数 $R^2 = 70\%$，表明只靠搜索量来预测是不够的，因为搜索量只能解释 70%的票房收入。经过精挑细选，Google 最终选取如下三个指标，并使得可决系数提高到 94%。

- 电影预告片的搜索量。

- 同系列电影前几部的票房。

- 档期的季节特征。

下图显示模型的预测效果还是令人满意的，其中灰色点代表了实际某部电影的首周票房收入，方框代表了预测的首周票房收入，二者十分接近。

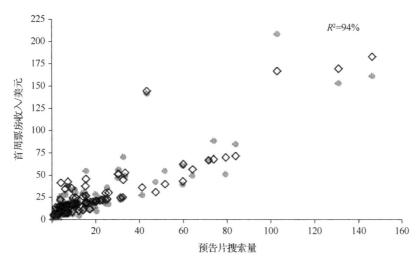

*此图片引自谷歌白皮书 Quantifying Movie Magic with Google Search

越来越多的优秀人才涌入大数据这个新兴市场，挖掘、探索着千奇百怪的可以使用的模型。而线性回归模型几乎是最简单、最基本的模型，它具有以下特点。

- 线性回归模型有着相对很高的准确度（94%）。

- 简单的线性模型容易被人们理解和解读，也很容易对各项指标的影响进行市场策略调整，从而达到优化营销策略的目的。

在这个"数据驱动运营"的年代，谁能通过大数据精准地挖掘出客户的需求，谁就能够走在时代的风口浪尖，让同行望尘莫及。

Google 的票房预测模型，本质上是通过搜索量估计用户对电影的需求有多大，从而来预测票房。其对数据的应用仍停留在宏观层面，其实还可以对用户需求进行深入挖掘，从而精准定位。如果能够做到这点，或许真的能够彻底改变电影行业。到那时就是，"电影创作既要靠创造力，又要靠数据分析"。

## 【回归和手游】

手游就是手机游戏的简称。

在"80 后"的回忆里都有"那些年我们一起追过的诺基亚"。是的，在那个智能手机还没有诞生的年代里，手机也仅仅是用来打电话、发短信。有一款叫"贪食蛇"的手游是否还留存在你的青春记忆中呢？对，它就是一款鼻祖级的手游。

通往科技的道路，如同一场不可逆转的时间旅行。随着智能手机和互联网的不断更新换代，手游市场势如破竹。对于已经发展成熟的页游和端游来说，手游仍然算是一个新兴市场，后生可畏，大有扶摇直上的无限潜力。

当然，随着行业的不断成熟，手游业在管理上也渐渐摆脱身上"草莽的江湖气息"，逐步走向精细化运营的道路。在这个行业中，数据分析扮演的角色也越来越重要。如何通过对用户付费行为的研究使游戏收入最大化是很多发行商都在关注的问题。

很多公司会选择在数据管理平台（Data Management Platform，DMP）进行精准投放。它的最大优势是拥有完善的用户属性标签，如收入、地区、年龄、性别、教育程度、社交信息等。用户付费行为是我们研究的目标，因为它是游戏公司利润的来源，而 DMP 提供的就是和这个目标可能相关的一些信息。

利用这些信息加上用户本身的付费信息，就有可能成功分析出哪些属性对付费会产生影响，然后针对不同属性进行精准影响，把每一分钱用到最需要的地方，从而达到游戏收入最大化的目的。

Talking Data 就用多元回归做出了如下简单的分析。

研究目标：分析用户哪些属性对游戏付费有较大影响，影响有多大。

初步选择变量和收集数据。游戏中用户性别（男，女）、收入、所在地区平均收入、受教育程度（0.小学及以下；1.中学；2.本科；3.研究生及以上）和游戏花费。

进一步挑选模型中的解释变量（自变量）。解释变量（$x_1, x_2, \cdots, x_n$）之间是独立的，不能有比和研究变量（$Y$）的相关性更强的关系。地区平均收入与月收入具有强相关性（$r = 0.99$），必须舍弃一个。再分别求出它们和游戏花费之间的相关系数，发现地区平均收入跟游戏支出相关性更强。于是选择把地区平均收入放到模型中。

建模后，通过把数据放进统计软件中进行计算得到表达式：

$$Y = 828.57 + 57.6D - 894.5E_1 - 544.3E_2 - 309.3E_3$$

$Y$：游戏支出（元）；

$D$：地区收入（元）；

$$E_1 = \begin{cases} 1 & \text{小学及以下} \\ 0 & \text{其他} \end{cases}, \quad E_2 = \begin{cases} 1 & \text{中学} \\ 0 & \text{其他} \end{cases}, \quad E_3 = \begin{cases} 1 & \text{大学} \\ 0 & \text{其他} \end{cases}$$

$R^2 = 70\%$，说明模型只能解释 70%的游戏支出，F 检验结果显示该线性模型也是显著的。

通过这个研究，Talking Data 想说明影响用户游戏付费的主要因素是地区平均收入和教育程度。同时可以预测出一个大学水平、地区年平均收入 10 万元的用户，在游戏中每年付费约 828.57+57.6×10–309.3=1 095.3 元。

这只是一个用来说明回归分析用途的简单的例子，实际中标签的实用更为复杂、灵活多变。随着大数据理念的普及和数据库的完善，用户属性的刻画更加详尽。假如标签涉及几十个甚至上百个变量则需要先进行因子分析降维，再利用提取的因子进行回归。

回归分析说到底是探索事物相关性的一种方法。人们对于相关性关系的探索往往存在误解，认为相关关系就是因果关系，其实并不是这样的。回归模型的真正意义除了预测之外，还能更好地理解、解释变量与被解释变量之间的关系。

无论是统计学入门级教材中最简单的一元线性回归模型，还是 Google和游戏公司实际应用的多元回归模型，甚至是极其复杂的诺贝尔经济学奖获得者构造的可以指导国家宏观经济的回归模型，它们的"灵魂"都是一样的：寻找变量之间拟合的最佳线性关系。

在统计软件越来越友好的今天，拟合这种关系变得越来越简单，根本不需要理解如何计算"最小二乘估计"，只需要掌握如何解读软件计算出的模型。对于一个回归公式要理解回归系数，只需理解三件事的含义：系数的正负、大小、含义。

（1）正负代表因变量和自变量是正相关还是负相关。

（2）大小代表自变量变化对因变量产生多大程度的影响。

（3）含义考验回归系数是否具有统计学意义。

以游戏公司的模型为例。在建模时把受教育水平当作玩家付费的一个影响因素。受教育水平本身是一个分类变量，即有 4 个水平（0.小学及以下；1.中学；2.本科；3.研究生及以上）。如何把这类变量加入回归中，这就需要引入"哑变量（Dummy Variable）"，又称为"虚拟变量"。如果还是很抽象，我们就通过一个例子来进行说明。假设有三个玩家，他们的受教育水平分别为小学、中学、大学，录入数据后如下表所示。

| 玩　　家 | $E_1$ | $E_2$ | $E_3$ |
|---|---|---|---|
| A | 1 | 0 | 0 |
| B | 0 | 1 | 0 |
| C | 0 | 0 | 1 |

$E_1$ 的回归系数是 $-894.5$，表示在相同地域，当一个玩家的受教育水平是小学或者没上过学时，其对游戏支出的影响是负的。单纯看这一个因素或许有点令人费解。再看 $E_2$ 的回归系数是 $-544.3$，表示当玩家的受教育水平上升到中学时，这种负向的影响在减弱。这也符合常理，受教育水平越高就更可能获得更好的工作和收入，那么游戏付费能力也就越强。

这里必须强调的是，回归分析只是一种探索数据和世界的辅助性工具，即在控制其他因素的前提下，揭示变量之间的相关关系究竟有多亲密。当然这只是一种可以猜测到的可能性，并不是确定的因果关系。

游戏玩家受教育程度越高，付费能力越强，但此处的模型没有考虑更多的因素，如时间。受教育程度越高的人，工作有可能越忙碌，可花费在游戏上的时间越少，进而导致总体付费越少。

这里所选择的变量和数据只能解释 70%的付费状况，有 30%是不能通过模型来解释的，这是通过可决系数 $R^2$ 反映出来的。$R^2$ 衡量的是回归方程整体的拟合度，是表达因变量与所有自变量之间的总体的相关程度。样本回归线对样本观测值拟合程度越好，各样本观测点与回归线靠得越近，由样本回归做出解释的离差平方和与总离差平方和越相近；反之，拟合程度越差，相差越大。

这里将一个重要的问题一笔带过了——多元线性回归的自变量如何选择？这是一个简短篇幅不能详尽解决的问题，还有一点只可意会不可言传的味道，需要读者在实践中摸索。总之，记住一句话：没有最优的模型，只有最合适的模型。

# 7.2　调查问卷中的分类变量

分类变量，一个让笔者又爱又恨的东西。

笔者花了生命中宝贵的几年时间跟着一位瑞典老太太研究这个东西。

这个老太太，不是别人，正是笔者博士时期的导师之一——Elisabeth Svensson。

她是一个倔强、强势、聪明、精力充沛的老人，当时已经 70 岁，却依旧活跃在学术界。她一生坎坷，离异、丧偶。她有一个女儿在离她很远的城市，她独居在瑞典南部一个小岛上。她喜欢歌剧，烧一手好菜（这是为数不多笔者认为厨艺好的瑞典人），最大的爱好是带着干粮、背着望远镜去看鸟。她是一个传奇。

然而，这些都不是最重要的。最重要的是，她研究了一套以自己名字命名的应对分类变量的方法——Svensson method。

带着对她的憧憬，笔者深入到这个领域去探索。所以今天，笔者觉得很有必要花上一定的篇幅，也带领读者去这个领域一探究竟。

## 【疼痛】

像疼痛、态度、感受等主观数据只能通过问卷，也就是提问的方式来测量。比如，有这样一个问题：

"在过去的 4 周里，你后背的疼痛有多少？"

A．毫无疼痛感

B．一点点疼痛，可以忽略不计

C．中等疼痛

D．相当疼痛

E．非常严重的疼痛

这是一个应用在临床当中，用来测量患者疼痛的真实问题。在一项回顾性研究中，研究人员想测量一个关于疼痛问卷的敏感度如何。什么叫敏感度呢？就是说一个问卷能够测量一项手术或者治疗的效果如何。

这项试验中有 101 个病人参与，他们都有着这样或者那样的脊柱问题，需要进行手术治疗。在手术前，医护人员用上述问题"在过去的 4 周里，你后背的疼痛有多少？"去询问每一个病人。病人在上述 A～E 级别的疼痛中选择一个。手术过后，再用同样的问题去询问这些病人，让他们再填写一次。

这样就产生了一对相匹配的分类数据，内容如下。

| 病　人 | 手 术 前 | 手 术 后 |
|:---:|:---:|:---:|
| 1 | E | D |
| 2 | D | D |
| 3 | C | B |
| 4 | D | B |
| ... | ... | ... |

在 Elisabeth 和笔者的研究中，将这类数据汇总在一张联立表中，如下图所示。

*X*：手术前

| *Y*：手术后 | A | B | C | D | E | 总和 |
|:---:|:---:|:---:|:---:|:---:|:---:|:---:|
| E | | | 2 | 3 | 1 | 6 |
| D | | | 1 | 6 | 4 | 11 |
| C | | | 11 | 16 | 3 | 30 |
| B | | 3 | 19 | 11 | 2 | 35 |
| A | 1 | 5 | 5 | 8 | | 19 |
| 总和 | 1 | 8 | 38 | 44 | 10 | 101 |

这张联立表反映了手术前后 101 个病人疼痛数据的变化分布状况。灰色底格子里面的数字 5 代表有 5 个病人手术前的疼痛状况是 "C. 中等疼痛"，手术后变成了 "A. 毫无疼痛感"，说明手术后他们后背疼痛的状况得到了好转。

# 【Rank-Invariant】

Elisabeth 笃信分类数据具有 Rank-Invariant 的性质。以疼痛为例，意思是为了方便，人们习惯用数字来记录这些来自问卷的答案，如

1 = 毫无疼痛感

2 = 一点点疼痛，可以忽略不计

3 = 中等疼痛

4 = 相当疼痛

5 = 非常严重的疼痛

但这里的数字并不是真正的数字，不能进行加减乘除的运算，与传统的数字处理方法是不同的。传统方法基于这些数字的数学运算，如"求和法"或"均值法"。比如，著名的 SF-36 问卷从 8 个维度全面调查身体的健康状况，每个维度下有若干问题。被调查者在填好问卷后，会通过加减乘除的数学运算给每个人算出一个 0～100 的数值，数值越高代表健康状况越好。

Elisabeth 和其他一些坚持 Rank-Invariant 性质的学者认为这种基于"问卷调查数据可以用于数学运算"的假设本身存在问题。在运算的过程中，无论是"求和法"还是"均值法"都会存在信息压缩的现象，使得拥有不同健康状况，甚至健康状况相差较大的人得到同样的分数。

# 【Svensson Method】

Svensson Method 是一套专门针对成对问卷调查数据的非参数方法。

什么是"成对数据"呢？简单地说，就是同一组个体，针对同一个问

题在两个场合的回答。上述例子中，一组要进行脊椎手术的病人，手术前填写疼痛的调查问卷，手术后就同样的问卷再作一次回答。通过对"成对"数据的对比，发现前后的变化规律。

Svensson Method 可以把这种变化分解成两个部分：系统差异（Systematic Difference）和个体差异（Individual Difference）。系统差异指的是整组人的集体变化，如果这种变化体现在"位置上"，以及他们用 1～5 的量表来评价时的整体位置发生变化，就会体现为一个非零的 *RP*（Relative Position）值。

除了这种整体变化，还存在个体差异：即使结果显示这种手术在总体上来说对这类病人是有效的，但并不是每个病人都能够得到同样程度的改善，这种个体差异用 RV（Relative Variance）表示。如果 RV 的值足够大，那么医生就更需要考虑每个病人的不同状况，而不是"一刀切"地采取同样的治疗手段。

这几个重要指标的数学表达公式如下：

$$RP = \frac{1}{n^2}\sum_{v=1}^{m} y_v C(X)_{v-1} - \frac{1}{n^2}\sum_{v=1}^{m} x_v C(Y)_{v-1}$$

其中 $x_v$ 和 $y_v$ 代表第 $v$ 个类别下边际分布的频率，$C(X)_v$ 和 $C(Y)_v$ 代表第 $v$ 个边际分布的累计频率。$m$ 是这个问题所包含的类别的个数（$m \geq 2$）。

$$RV = \frac{6}{n^3}\sum_{i=1}^{m}\sum_{j=1}^{m} \Delta \bar{R}_{ij}^2 x_{ij}$$

其中 $\bar{R}_{ij}^{(X)}$ 和 $\bar{R}_{ij}^{(Y)}$ 为

$$\bar{R}_{ij}^{(X)} = \sum_{v=1}^{i-1}\sum_{j=1}^{m} x_{vj} + \sum_{v=1}^{j-1} x_{iv} + \frac{1}{2}\left(1 + x_{ij}\right)$$

$$\bar{R}_{ij}^{(Y)} = \sum_{v=1}^{j-1}\sum_{i=1}^{m} x_{iv} + \sum_{v=1}^{i-1} x_{vj} + \frac{1}{2}\left(1 + x_{ij}\right)$$

# 【工作环境和员工满意度】

尽管 Elisabeth 是瑞典著名的医学统计学家，但这并不意味着 Svensson Method 只能应用在医药领域。凡是存在成对主观数据的领域，她的方法都能够找到自己适用的位置。

在手机游戏迅速崛起的 2009 年到 2012 年期间，国内某个游戏发行公司抓住了这个发展的黄金时代，公司规模迅速扩张。公司希望在占领更多市场份额的同时提高内部的管理水平、办公环境和员工的归属感。因为手游行业甚至整个互联网行业的人员流动性非常大，能够留住人才对一个企业来说至关重要。

公司原来的办公环境非常拥挤，很多员工抱怨桌子小、空气差。人力资源部门发电子邮件针对办公环境对每个员工进行调查。问题是你对办公环境的满意程度是怎样的？

A．非常满意

B．基本满意

C．勉强凑合

D．不满意

E．非常不满意

于是公司在装修中做了改变：换了较大的办公桌，加大了窗户的尺寸，购置 N 台空气净化器，每个办公桌增加一盆绿植并由专人照料，等等。办公环境改变后，人力资源部门又对全体员工进行邮件调查，还是之前同样的问题。

　　该公司有员工 250 人，人力资源部门发放 250 份问卷，收回 243 份有效问卷。数据的分布状况大概如下。

X：装修前

| | A | B | C | D | E | 总和 |
|---|---|---|---|---|---|---|
| E | | | 3 | 16 | | 19 |
| D | | 5 | | | 45 | 50 |
| C | | | 20 | 43 | | 63 |
| B | | | 16 | 62 | 10 | 88 |
| A | | 15 | | 8 | | 23 |
| 总和 | 0 | 20 | 39 | 129 | 55 | 243 |

（Y：装修后）

　　从数据分布的表格中可以看出，装修前超过一半（53.1%）的人对工作环境"不满意"，而装修后这个比例下降到 20.6%。装修前对工作环境"非常满意"的人占比为 0%，装修后提升到 9.5%。从这样一个大概的分析中可以看出装修对员工的满意度有一定程度的提高，但是，如何把这种提高的程度量化呢？这就需要用到 Svensson Method。

　　由公式计算出：代表系统差异位置变换的指标 RP=−0.538，95%的置信区间是（−0.468，−0.608），个体差异指标 RV=0.221。如何解读这些指标呢？

　　负的 RP 值代表这个公司员工满意度的整体变化趋势：装修完成后，整体的满意度朝着一个更低的水平改变（A—E），即整体满意度提升。而从统计推断的结果来看，95%的置信区间显示这种提升是显著的，因为区间没有包括零。

　　RV 的值代表个体差异，这是一个介于 0~1 的值。越靠近 0 就表示个体差异越小，整组人趋同；越靠近 1 则表示个体差异越大。较大的 RV 值给读者解读整组人的整体变化带来一定的困难，每个人有其不同的特点，所以不能一概而论。RV=0.221 代表公司全体员工存在一定程度的个体差异：大部分员工在装修后对办公环境的满意度得到提升，但是仍有小部分员工的满意度在降低。

RV 的值无论是在疾病治疗还是在企业管理中都至关重要。一个具有深刻人文关怀的公司绝对不会是简单粗暴地奉行"少数服从多数"原则的。充分尊重每个个体的诉求，是良好企业文化的体现，这有利于提升员工的归属感。企业煞费苦心地改善办公环境，可部分员工却不领情，依旧给"差评"，这就得引起人力资源部门甚至企业管理层的重视，必然是企业管理的其他环节出了纰漏。究竟是什么纰漏，还需要进一步剖析。

RP 反映趋势，RV 敲响警钟。二者为鲲鹏之两翼，只有它们相辅相成才能在分析成对数据的变化中翱翔九天。

# 7.3　条件概率

条件概率是指在已知一定条件的前提下某件事情发生的概率。已知的一定条件为事情的发展提供了额外的信息，进而对事情原本的概率做了一定程度的调整。

$P(\mathrm{B}|\mathrm{A})$ 就是在事件 A 发生的前提下，事件 B 发生的概率。数学公式为

$$P(\mathrm{B}|\mathrm{A}) = \frac{P(\mathrm{AB})}{P(\mathrm{A})}$$

其中，$P(\mathrm{AB})$ 是事件 A 和事件 B 同时发生的概率。

# 【生男生女的问题】

笔者上第一堂统计课的时候，老师就告诉我们统计学研究的禁忌之一是生男生女的问题。其实，从统计学的角度出发，无论是理论方法还是技术手段都是有能力研究出生男生女的规律的。但这属于反人类的研究，有违自然规律，研究成果也很有可能对人类种族和人类社会的发展造成负面影响。因此，这是一个统计学的禁区，所以它不属于将要讨论的范畴。

下面仅仅是借着这个话题抛砖引玉，来聊一聊条件概率这个概念。先一起来看几个简单的小问题。

有一对小夫妻，他们结婚后先生了一个宝宝，成为幸福快乐的一家三口。后来赶上国家放开二胎政策，又生了第二个宝宝。

问题 1：这两个小孩都是男孩的概率是多少？

问题 2：已知其中有一个是男孩，另一个也是男孩的概率是多少？

问题 3：已知第一个孩子是男孩，第二个孩子也是男孩的概率是多少？

第一个问题的答案很简单，学过高中生物课的读者应该都会算这道题。下面按照统计学的思路严格计算一遍。

定义：

第一个孩子是男孩为事件 A；

第二个孩子是男孩为事件 B。

值得注意的是，事件 A 和事件 B 是独立的。意思就是，第一胎生男生女不会影响第二胎生男生女的概率。基于两个事件的独立性，在求二者同时发生的概率时可以直接相乘，所以两个孩子都是男孩的概率为

$$P(AB) = P(A)P(B) = \frac{1}{2} \times \frac{1}{2} = \frac{1}{4}$$

第二个问题和第三个问题有着细微的差异。从问题二中得到的信息是，两个孩子不全是女孩，这有三种可能性：兄弟、兄妹、姐弟。那么，以这种条件为前提，两个孩子都是男孩的概率就是"兄弟"这种情况，占三种可能性的1/3。

第三个问题的前提条件将两个孩子限制在只有两种可能：兄弟和兄妹，答案自然就是1/2。也可以套用条件概率的公式来计算：

$$P(B \mid A) = \frac{P(AB)}{P(A)} = \frac{1/4}{1/2} = \frac{1}{2}$$

同样是问两个孩子都是男孩的概率，第一个问题没有告诉我们更多额外的信息，所以概率就是1/4，是最普通、最基本的一种情况。而第二个问题和第三个问题却增加了一些信息或条件。这些信息能够对最基础的概率进行一个调整，使得它不再是1/4。第三个问题比第二个问题所给出的条件更具体，因此，这个概率也更"自信"。

## 【门后的世界：到底是谁错了】

现在的年轻人或许不知道，在那个人们还没有沉迷网络世界的年代里，有这样一本杂志。它旨在发掘人性中的真善美，体现深刻的人文关怀；它融思想性、知识性、趣味性为一体，深受全国人民特别是广大"文艺青年"的喜爱。对，没错，它就是《读者》。

如今，这样的一本杂志仍值得我们对它深深怀念。怀念的是一种捧着纸质杂志在充满阳光的午后安心阅读的感觉；怀念的也是，那些岁月静好的青春年华。

至今，笔者仍然清晰地记得二十年前的某一期《读者》上刊登过这样一个有趣的事情。

在一个电视游戏节目里，台上有三扇门，分别是 A，B，C，其中一扇门的背后有一件价值不菲的奖品。如果参与游戏的嘉宾能够正确地猜测到哪扇门后有大奖，他就能够把这件奖品带回家。某个嘉宾选择了 A 门。在 A 门被打开之前，主持人首先打开了 B 门，发现门后什么也没有。

然后在紧张的音乐背景下，主持人慎重地问嘉宾，要不要改变决定，选择 C 门。嘉宾犹豫片刻后，决定坚持原来的选择。他理性地分析了一下，认为换不换都一样：A 门和 C 门后有奖品的概率都为 1/2。

结果，主持人遗憾地告诉他，他猜错了，也和大奖失之交臂。

随后，《读者》收到了不计其数的观众来信，其中不乏知识渊博的博士和教授。支持嘉宾换门和不换门的都大有人在。

认为不换的理由：换不换结果都一样。因为已经知道 B 门后没有大奖，那么大奖就只能在 A 门或 C 门后。而这两个门是无差异的，即每个门后有大奖的概率都应该是 1/2。

认为应该换的理由：事情的玄机在于主持人看似寻常却意味深长的举动。有三扇门，A 门后有大奖的概率理应是 1/3，B 门和 C 门中至少有一个有大奖的概率是 2/3，并且其中必定有一个门是空的。在只能开一扇门的前提下，她为什么先开 B 门而不是 C 门？主持人是知道实情的，说明大奖很可能在 C 门后面。

那么，门后的世界究竟隐藏了怎样的玄机？到底是谁错了？

其实，理解这个问题的关键就是这一章讨论的"条件概率"。

如果在嘉宾做出选择之前主持人就打开了 B 门，那么 A 门和 C 门后有大奖的概率都是 1/2。

但问题的关键是，主持人是在观众选择 A 门之后打开 B 门的。条件发生了改变，信息得到了更新，那么，条件概率自然也就不同。

列举全部奖品分布的情况如下表所示。

| A | B | C |
|---|---|---|
| 有 | 无 | 无 |
| 无 | 有 | 无 |
| 无 | 无 | 有 |

定义事件 A，B，C 分别为门 A、门 B、门 C 后有奖品；$\overline{A}$，$\overline{B}$，$\overline{C}$ 为各自门后没有奖品。因此，在得知 C 门是"无"的情况下而 B 门后有大奖的可能性为

$$P(B \mid \overline{C}) = \frac{P(B\overline{C})}{P(\overline{C})} = \frac{1/3}{1/2} = \frac{2}{3}$$

因此，主持人提出的问题的正确答案是选择 C 门，因为换一种选择获奖的概率就成为了 2/3。

语言的陈述有时候美丽却又具有迷惑性，会让人不知不觉掉入它温柔的陷阱。而数学公式却简洁明了，从不欺骗人。条件概率，即条件改变后我们拥有了更多的信息，可以利用这些信息对原来的概率进行一个量化的调整。这和下面要讲的贝叶斯的精神是一脉相承的。

# 7.4 极大似然估计——看起来最像

极大似然估计（Maximum Likelihood Estimation，MLE）又称作最大似然估计，是参数估计的一种常用方法。

参数估计这种方法的基础是极大似然的思想：在给定模型的情况下，最优的模型参数一定是使得这个已知样本出现的可能性最大的参数。

其实非常好理解：概率最大的事情最有可能发生。而在一次试验中出现的事件，应该为较大概率的事情。

## 【白狐，iPhone 6 Plus 和房价】

让我们从一个简单的例子开始。一位经验丰富的老猎人，一生打猎无数，枪法精准，最爱猎白狐，因为他喜欢白狐润泽柔软的皮毛。有一天，他带着新收的徒弟上山打猎。一只双眼闪烁着灵气的白狐从山林中穿梭而过时，远处传来两声枪响后，白狐应声倒下。

其实可怜的白狐只被其中一发子弹一击致命。请问，你猜是谁打中了白狐？

接下来看另外一个例子。某公司年会上，一百个优秀员工上台抽奖。慷慨的老板把中奖的概率调高到 100%，即抽奖箱里放着 100 部 iPhone 6 Plus，也就是说，人人有奖。其区别是，有"土豪金"和"太空银"两种颜色，其中一种颜色有 90 部，另一种颜色仅有 10 部。

现在从箱子里随机抽取一部手机，结果发现是"土豪金"。请问，"土豪金"和"太空银"的个数各是多少？

如果对北京三环内的房价进行抽样调查，得到一个 100 个小区的样本。假定根据这个样本计算出的平均房价是每平方米 6.5 万元，现在用这个样本来估算整个北京三环内房价的真实水平。

根据"概率最大的事情最可能发生"这一极大似然原则，白狐极有可能是被老猎人射杀的，因为他一击即中的概率远高于刚入师门的新手。年会优秀员工随手就抽到一部"土豪金"，说明"土豪金"极有可能是 90 部而"太空银"仅有 10 部。

根据房价抽样调查中的样本信息，你也肯定不会天真地估计房价是每平方米 2 万元。因为如果真实情况是每平方米 2 万元，得到一个样本是 6.5 万元的概率是极低的。

这些都是极大似然的思想，它们非常有助于我们理解极大似然这种估计方法。

在上述 iPhone 6 Plus 的例子中，如果假设抽奖箱中两种颜色的数目多少未知，二者的比例也未知。而我们偏偏想知道箱中"土豪金"和"太空银"的比例，但又不能把箱中的手机全部倒出来。

我们就可以每次任意从已经摇均匀的箱子中（确保二者充分混合）拿出一部手机，并记录手机的颜色。接着把拿出来的手机放回箱中再拿出一部并记录颜色。重复这个过程 100 次，就可以用记录的手机颜色来估计抽奖箱中两种颜色手机的比例。

假如在 100 次反复记录中，有 90 次是"土豪金"，请问箱中"土豪金"的 iPhone 6 Plus 所占的比例最有可能是多少？很多人会毫不犹豫地回答道：90%。

那么，根据极大似然估计方法的理论应怎样计算呢？

假设箱中"土豪金"的比例是 $p$，那么"太空银"的比例就是 $1-p$。每抽出一部手机，记录颜色之后，又把它放回箱里摇匀，所以每次抽出来

的手机的颜色为 $x_1, x_2, \cdots, x_{100}$，其中

$$x_i = \begin{cases} 1, & \text{if "土豪金"} \\ 0, & \text{if "太空银"} \end{cases}$$

定义样本所呈现的数据为 Data=$(x_1, x_2, \cdots, x_{100})$，它们服从同一独立分布。把 100 次抽样中 90 次是"土豪金"的概率定义为 $P(\text{Data} \mid M)$，$M$ 是所给出的模型，所以有

$$\begin{aligned} P(\text{Data} \mid M) &= P(x_1, x_2, \cdots, x_{100} \mid M) \\ &= P(x_1 \mid M) P(x_2 \mid M) \cdots P(x_{100} \mid M) \\ &= p^{90} (1-p)^{10} \end{aligned}$$

其实，这就是样本的似然函数。找到一个参数可以最大化这个似然函数，就得到了这个参数的极大似然估计值。

那么，在 $p$ 取何值时，极大似然函数 $P(\text{Data} \mid M)$ 的值才会最大呢？对 $P(\text{Data} \mid M) = p^{90} (1-p)^{10}$ 求导，并令其等于零，最终得到 $\hat{p}=0.9$，所以大家的直觉是对的。

# 7.5　统计软件

并不是所有的统计学者都偏爱沉迷在公式的海洋中，有的更喜欢从杂乱的数据中探索出规律，用一种更美、更亲和的形式，比如图形，把数据呈现出来。这就离不开统计软件。

目前，几个主流的统计软件都各有千秋、各领风骚，其中冉冉升起的一颗新星，就是 R 语言，也是笔者个人比较偏爱的一个统计软件。

# 【名门闺秀 SAS】

SAS（Statistical Analysis System）是一种大型统计分析系统，在国际上被奉为标准的统计分析软件。它如同一位端庄的名门闺秀，家境殷实，琴棋书画无所不能，结交的也都是权贵。

SAS 专业的编程语言和并不太友好的用户使用界面把大多数非高富帅的仰慕者都拒之门外，不具备深厚专业功底和一定编程能力的非专业用户只能望而却步。这也是为什么会使用 SAS 编程已成为职场竞争力的一个有力砝码的原因。

SAS 不菲的价格和只租不卖的营销策略使得它颇具高冷气质。虽然被广泛应用于各个领域，但在我国用得起它的用户除了少数的跨国企业，就是一些国家部门，比如国家统计局、中国科学院、中华人民共和国卫生部、国家信息中心等。

SAS 功能强大，而这些功能都是由几大模块来实现的。BASE（基础）模块为必选模块，是核心，其他可以随意添加。BASE 模块主要负责数据调入、存储，撰写报告和生成图表，进行数据的简单操作（如分类、排序等），计算一些基本的统计量（如均值、方差、相关系数等），以及和外界进行数据交换。

SAS 系统的另一个精华模块就是 STAT（统计）模块，对于统计工作者来说是最常用的一个模块。它包含可靠完善的统计分析，如方差分析、回归分析、聚类分析、因子分析、主成分分析、相关性分析和非参数检验等。

SAS 这位名门闺秀以其强大的数据处理能力和专业的素质在竞争激烈的统计分析软件行业中屹立不倒。但名门闺秀出自名门，规矩多，束缚也多。其模块和算法比较固定，这和这个时代信息急速发展、知识不断更新换代的主流思想相违背，越来越多的新方法期待被添加、被应用，既定模块的统计系统显然已经不能满足发展的需求。

## 【国民初恋 SPSS】

如果真有一个统计软件既深受用户喜爱又有着良好的口碑和用户体验，那么一定是 SPSS（Statistical Package for the Social Science）。它作为国际上最早发布的、应用最广泛的专业统计软件，就像人们心目中纯真美好的初恋，让人回忆起来心中总是流淌着温柔的气息。

SPSS 的人机界面友好，输出的结果也相当漂亮，颇高的颜值为它赢得很多"印象分"。

合理的价格、齐全的功能、操作简单容易上手，这些亲和的特点都让它拥有最广泛的粉丝群。其在社会科学、自然科学等领域得到广泛普及和应用，并且也成为非统计专业工作者的首选。

SPSS 在国际上拥有良好的口碑和信誉。许多有国际影响力的杂志十分认可 SPSS 的分析结果，对用它绘制的统计图表更是称赞有加。"国民初恋"的认可度之高，可见一斑。

但是在新算法的集成上，SPSS 同样也存在问题，算法的更新只能通过等待新版本的升级来实现。而这种等待所付出的时间和机会成本，通常是在科技前沿追风逐月的科研工作者所不愿意付出的。

## 【小家碧玉 Stata，Minitab，Excel】

就好像《红楼梦》大观园中百花齐放的众姐妹，在统计软件的大家庭里既有名门闺秀又有小家碧玉。有人欣赏名门闺秀的端庄大气，也有人喜欢小家碧玉的温婉灵秀。

Stata 是一种用数据管理和统计分析的软件，功能强大且小巧玲珑。它由美国计算机资源中心（Computer Resource Centre）开发。Stata 的最大优点是小巧、占用空间少。除此之外，它所选方法先进，内容覆盖面广、输出结果简洁漂亮，绘制的图形精良优美，可被图形处理软件或 Word 等直接调用。

Stata 具有强大的统计功能，并与时俱进，能收集近二十年来发展起来的新方法，比如指数与 Weibull 回归、Cox 比例风险回归、随机效应模型等。不过简单的数据接口、只能读入文本格式的数据缺失也令很多用户郁闷。所以，Stata 也只是在学术界最受欢迎。

Minitab 是另一款小巧软件，和大型的 SAS 和 SPSS 相比，占用的内存要小得多，但功能却毫不逊色。Minitab 的界面类似于 Excel 的表格，却有着丰富强大的统计功能。虽然在我国的应用不如 SPSS 和 SAS 那样风靡，但也拥有一批稳定的使用者，主要是因为它具有许多统计软件所不具备的优势——矩阵运算。这些独特的魅力让它不但深受教育和科研工作者的欢迎，也被越来越多的大众所接受。

Excel 虽然不是专业的统计软件，但在很多企业的日常工作中却扮演着统计软件的角色，发挥着一些最朴素的统计计算分析的作用。Excel 最大的优势就是它的普及性。只要有微软 Office 的计算机就会有 Excel，虽然并不是所有的 Excel 都安装了数据分析的功能，但通过简单的步骤就可以安装。Excel 可以胜任简单的统计分析，但稍微复杂一点的就需要使用函数。而对于更加复杂的统计推断问题，Excel 就无能为力了。

# 【清新萝莉 R】

和名门闺秀 SAS、国民初恋 SPSS 及那些具有特色的小家碧玉相比，R 语言是那样的风格鲜明。它年轻而朝气蓬勃，充满生气和希望，就好像一个年纪轻轻而又积极向上的女孩子。

R，也称为 R Project，是一个免费的统计软件，由志愿者管理。R 语言灵活方便，编程功能极其强大，用户可以按照自己的心意编写程序来实现自己想要的效果。与其说 R 是一种软件，不如说它是一种计算环境更贴切。简单说来，可以从如下几个方面去理解。

（1）它是一种用于统计分析、建模和预测，以及数据可视化的数据分析软件。

（2）它是一种面向对象的编程语言，用对象、运算符和函数来计算、建模、绘制图表。

（3）它是一种可用于统计分析的环境，几乎支持所有数据分析的各种需求。

（4）它是一个开源的项目，有庞大用户社区做基础，成果被广泛采用，涵盖范围广、质量优、信誉高。

从用户数量和功能上来讲，它都是目前发展最快的统计软件。它不再是学术界的专宠，而受到越来越多的专业分析师、数据科学家、数据挖掘人员和企业的欢迎。

R 所具有的开源的特点，吸引了众多领域的专业人才不断将自己最新研究成果的程序加入。它的核心思想就是提供一些可以不断更新的统计工具，使得使用者可以随意进行挑选搭配，进一步创造出可以解决新问题的方法。

R 有很多独一无二的优点，但它的内存限制也不得不让许多企业尝试很多方法去试图克服。

其中一种方法是在多个服务器上并发运行 R 引擎。但是当数据分布在多台服务器上时，如果用户需要数据分析，或者对所有客户进行细分建模，就会很难完成。这就需要建立并行算法或者寻找能够在所有服务器上并行运算的新方法。

另一种试图解决内存限制的方法是购买更大内存的服务器，当然，这价值不菲。

虽然这些问题暂时不能解决，笔者也依旧看好 R 语言发展的无限潜力。正应了朱熹的《观书有感》中的两句诗：问渠哪得清如许，为有源头活水来。

# 7.6 贝叶斯

很多人学过统计学方法，但不是每一个学过统计学的人都听说过"贝叶斯"。

贝叶斯为何方神圣？其实，它是一种统计学方法，称为贝叶斯推断（Bayesian Inference）。

# 【起源】

贝叶斯方法得名于 18 世纪英国著名数学家托马斯·贝叶斯（Thomas. Bayes），相应的推理模型称为贝叶斯推理。起初只是一个用来描述两个条件概率之间关系的简单数学公式，即贝叶斯定理，后来却发展成为最具优势的科研纲领之一，并广泛应用于统计学、经济学、心理学和人工智能等领域。

与诸多伟大的科学思想相似，贝叶斯方法的蓬勃发展道路并非平坦。尽管法国数学家皮埃尔·西蒙·拉普拉斯（Pierre-Simon Marquis de Laplace）和一些其他顶尖的概率学家积极采取贝叶斯理论，但还是未能挽回它在整个 19 世纪被冷落的颓势。因为在当时人们还不知道如何正确处理先验概率，甚至到了 20 世纪上半叶，贝叶斯推理的火苗也只能在少数思想家的方法中得以保持，比如意大利的布鲁诺·德·菲尼迪（Bruno de Finetti）和英国的哈罗德·杰弗里斯（Harold Jeffreys）。人们更多关注于另一个完全不同的理论——经典统计（现在也称为频率统计）的发展。

现代贝叶斯运动开始于 20 世纪下半叶，由美国统计学家吉米·萨维奇（Jimmy Savage）和英国统计学家丹尼斯·林德利（Dennis Lindley）率先发起。但是当时贝叶斯推理仍然非常难以实现，直到 20 世纪 80 年代末 90 年代初，当强大的计算机变得普及，新的计算方法才被开发。贝叶斯统计方法的爆发不仅产生了对贝叶斯方法探究的众多课题，同时也使得不少应用领域的棘手问题得以解决，比如在天体物理、天气预报、医疗政策和刑事司法等领域。

# 【核心思想】

科学假设往往通过观测数据的概率分布来表现。这些概率分布依赖于未知量，称为参数。在贝叶斯范例中，把对模型参数现有信息的了解浓缩到一个假定的参数概率分布中，这个分布称为"先验分布"，常记作

$$P(\theta \; \theta)$$

当得到新的观测数据 $y$ 时，它们所包含的关于模型参数有关的信息被"似然函数"表示。这个"似然函数"与给定模型参数的观测数据概率分布成正比，记作

$$P(y|\theta\theta)$$

贝叶斯推理的核心思想就是把新观察的数据信息和之前的先验假定组合，或者理解为对先验假定的一种信息更新，从而产生模型参数的新概率分布，即所谓的"后验分布"。贝叶斯定理完美地诠释了这种信息更新在数学上是如何实现的。

贝叶斯定理实质上就是在 7.3 节中讨论的条件概率的计算公式——$P(A|B)$，就是指在事件 B 发生的情况下，事件 A 发生的概率。让我们一起来重温一下这个熟悉的公式。

$$P(A|B) = \frac{P(AB)}{P(B)}$$

同理，在事件 A 发生的情况下，事件 B 发生的概率为

$$P(B|A) = \frac{P(AB)}{P(A)}$$

根据这两个公式，有

$$P(\text{AB}) = P(\text{A} \mid \text{B}) P(\text{B})$$

$$P(\text{AB}) = P(\text{B} \mid \text{A}) P(\text{A})$$

且

$$P(\text{B}) = P(\text{BA}) + P(\text{BA}^c)$$

进而得出全概率公式为

$$P(\text{B}) = P(\text{B} \mid \text{A}) P(\text{A}) + P(\text{B} \mid \text{A}^c) P(\text{A}^c)$$

因此，

$$P(\text{A} \mid \text{B}) = \frac{P(\text{B} \mid \text{A}) P(\text{A})}{P(\text{B})}$$

将这个条件概率公式进行细微的变动，可得到贝叶斯公式为

$$P(\text{A} \mid \text{B}) = P(\text{A}) \frac{P(\text{B} \mid \text{A})}{P(\text{B})}$$

贝叶斯公式里包含贝叶斯推理的核心思想。

$P(\text{A})$ 是先验概率（Prior Probability），是事件 B 发生之前，我们对事件 A 的理解和判断；$P(\text{A} \mid \text{B})$ 是后验概率（Posterior Probability），是事件 B 发生之后，我们根据信息的更新对事件 A 进行重新评估和调整后算出的发生概率。

$P(\text{B} \mid \text{A}) / P(\text{B})$ 是可能性函数（Likelihood Function），是一个调整因子，可以使经过贝叶斯调整后事件 A 发生的概率更真实可靠。

通过这三点可以清晰地看出贝叶斯推理的核心思想其实就是一个预判加信息更新和调整的过程。先预估一个"先验概率"，再根据得知数据后的

结果来看看这个实际的过程到底是增强还是削弱了"先验概率",然后调整后得到更精确的"后验概率"。

如果 $P(B|A)/P(B)>1$,意味着事件 A 发生的可能性经后验调整后变大;如果 $P(B|A)/P(B)=1$,意味着 B 事件的发生对判断事件 A 的可能性的调整毫无作用;如果 $P(B|A)/P(B)<1$,意味着事件 A 的可能性经后验调整后变小。

# 【自拍杆和蓝牙耳机】

热闹的年会中当然少不了简单的助兴游戏来活跃气氛。小王在一个古老而又永远不会过时的抢凳子游戏中胜出成为"凳子王",因此获得了一次抽奖的机会。

有两个装满奖券一模一样的抽奖箱,奖券上有对应的奖品。抽奖箱 A 里面有 30 个自拍杆和 10 个蓝牙耳机;抽奖箱 B 里面有 20 个自拍杆和 20 个蓝牙耳机。

现在小王随机地选择一个抽奖箱,从里面抽出一张奖券,发现是自拍杆。

请问,这个自拍杆的奖券来自抽奖箱 A 的概率有多少?

设 A,B 分别为选中抽奖箱 A 和 B 的两个事件。因为两个抽奖箱是一样的,因此

$$P(A) = P(B) = 0.5$$

也就是说,抽出奖券之前,这两个抽奖箱选中的概率相同。这是先验概率,代表在没有进行"抽奖"这个实际的动作之前,对这两个抽奖箱的一个预判。

接下来,用 S 表示抽到的是自拍杆这样一个事件。上述问题就转化成为在已知 S 的条件下,求来自抽奖箱 A 的概率有多大,即计算 $P(A|S)$,

是抽到自拍杆这个事件发生后，对 $P(A)$ 的一个修正和调整，也就是后验概率。

用条件概率的公式，可以得到

$$P(A|S) = P(A)\frac{P(S|A)}{P(S)}$$

已知，$P(A)=0.5$，$P(S|A)$ 为从抽奖箱 A 中抽取自拍杆的概率，是 0.75，根据全概率公式有

$$\begin{aligned}P(S) &= P(S|A)P(A) + P(S|B)P(B)\\ &= 0.75 \times 0.5 + 0.5 \times 0.5\\ &= 0.625\end{aligned}$$

代入贝叶斯公式得到

$$P(A|S) = 0.5 \times \frac{0.75}{0.625} = 0.6$$

说明把更多的信息考虑进去加以调整之后得到的后验概率是 0.6。将小王抽出的奖券是自拍杆考虑进去之后，来自抽奖箱 A 的可能性就增强了。这非常符合人们的逻辑。

当然，这个小小的例子只是从贝叶斯公式的角度来说明贝叶斯推理的核心思想。计算机的迅猛发展使得贝叶斯推理这种依赖于计算机的学科以迅雷不及掩耳之势发展起来。尽管，还存在着一些争议，一些顽固地坚守着传统频率统计学的学者并不买账，但是依旧不能妨碍贝叶斯推理赢得了越来越多的关注。频率学派是指坚持概率的频率解释的统计学的学派。

贝叶斯推理挑战传统，备受质疑的焦点问题之一在于先验分布。贝叶斯学派认为先验分布可以是主观的，是可以在一定的范围内弹性选择的，它没有也不需要有频率解释。而频率学派则认为，先验分布的选择有时不具有客观性，太过依赖主观经验和意识，而过去的经验和理论很有可能是错误的。

另一种批评的声音就是，贝叶斯推理解决问题的核心思路完全依赖贝叶斯公式，即遇到任何问题，都是以各种形式套用这个公式。这就导致思维的僵化和缺乏对事物进行深入的、思辨的分析。而贝叶斯学派却坚持说，贝叶斯方法对统计推断问题给出程式化的解决模式是优点而非缺点，因为它免除了寻求抽样分布这个困难的数学问题，而且并不是机械地套用公式，而是要求人们对先验分布等做大量的选择。

两个学派的争论并没有停止，而且大有愈演愈烈的趋势。两大阵营的堡垒都很坚固，都有一些"铁粉"。笔者很期待二者能进一步地争论下去，那将会为统计学的发展提供新动力。

# 7.7　来自星星的统计陷阱

来自星星的都教授以一种"高大全"的形象深深地印在广大女影迷的脑海里，因为他总是如及时雨一般出现在千颂尹需要他的每个瞬间。

统计学容易使人走极端，其中一部分人对其十分不屑，另一部分人则是奉其为"都教授"，成为盲目崇拜者。可这个来自星星的"都教授"真的百分之百靠谱吗？

著名统计学家克莱默在《统计数据的真相》一书中曾说道："人们常常会使用统计学来支撑自己的立场，而不是反映真实情况"。统计学一旦沦为支持个人立场的工具，它就不再中立、客观、真实、合理。

## 【问卷调查的潜在陷阱】

以问卷调查为例，其又存在着怎样潜在的陷阱呢？让我们一同"穿越"

回到 20 世纪 40 年代的美国。

有一年，美国总统大选前夕，某个受众很广的知名杂志进行了一次民意调查。根据 240 万份问卷调查的结果，该杂志预测民主党的罗斯福即将以 43% 的劣势败于共和党兰登 57% 的竞争。240 万份抽样问卷的数量无论在今日的中国，还是当时的美国来说，都是一份十分庞大的样本。按理说，其会得出十分可靠、稳定的预测结果。

可是事情的结局却出人意料。罗斯福获得 62% 的支持率从而连任总统的宝座。这个"意外"的后果使这个之前口碑极好的杂志一落千丈，最后支撑不住关门大吉。

问题的症结出在哪里？其中暗含的统计学陷阱又是什么？

第一，调查的对象是杂志的购买者，而购买杂志的人在政治上很可能表现出某种一致的倾向；第二，在杂志的受众中，参与问卷调查的并非全部，参与的人都是对政治选举话题非常感兴趣的一部分人，而忽略了那些对政治不敏感、不感性的人的意见，使得样本有偏差；第三，问卷的回收率不到三成，严重的不响应率（Non-Response Rate）使剩下七成以上的人的意见被忽视；第四，这个杂志社除了随杂志寄出纸质问卷调查的方式之外，还采取了电话调查的方式，但是在 20 世纪 40 年代，电话还是一种奢侈品，即使是发达的美国也未必家家都能装得起。这就直接导致通过电话调查收集来的信息很有可能代表的是那些较高阶层的意见。

这些看似微不足道的因素凑在一起，就产生了很大的影响。虽然杂志调查的样本数目很大，但总体代表性却很差，事情的结果自然也就出人意料。

# 【王老吉状告加多宝】

爱喝凉茶的朋友一定对"王老吉"和"加多宝"两个品牌如数家珍。

而轰动一时的"王加"之战吸引了相当一部分人的眼球。事情的来龙去脉究竟是怎样的呢？

王老吉为什么改名加多宝？二者是什么关系？

简单地说，王老吉是广药集团旗下的一个商标，加多宝公司与广药集团签订了商标使用权租用合同，合同期到 2010 年。原广药高管又与加多宝公司签订了一个补充协议，延长至 2020 年。但后来查出补充协议是在受贿情况下签订的，故被判无效。加多宝公司最终失去了"王老吉"商标的继续使用权。

后来，心有不甘的加多宝公司正式宣布推出名为"加多宝"的凉茶。从 2013 年 3 月，加多宝公司更是公然打出了"中国每卖 10 罐凉茶，7 罐加多宝""全国销量领先的红罐凉茶"等广告语。

2014 年 1 月 10 日，王老吉品牌将加多宝公司告上法庭，诉其广告存在不正当竞争，并在长沙中院第一次正式开庭。加多宝公司在销量上涉嫌虚假宣传，一时，不但进入公众视野，也进入了法律程序。

唇枪舌剑的庭审现场，双方律师争辩的焦点就是"中国每卖 10 罐凉茶，7 罐加多宝"这句广告语。它的数据来源是哪里？是否真实可信？

加多宝公司声称，广告中提到的数据来自国家统计局中国行业企业信息发布中心的《2012 年前三季度中国饮料行业运行状况分析报告》。

加多宝公司是如何计算的呢？事实真相究竟如何？

2012 年 1 月到 6 月，加多宝公司生产的凉茶大部分都冠以王老吉品牌。若按照上述分析报告，加多宝公司生产并销售的凉茶，平均每季度占全国 1 月至 9 月凉茶行业销售额的 24.32%，2012 年前两季度仍冠名为"王老吉"品牌的占 48.64%，加上统计所显示的"王老吉"凉茶占 8.9%，共计 57.54%；而加多宝公司 7、8、9 三个月所销售的产品主要还是前两个季度所生产的冠有"王老吉"品牌的凉茶，因为按照惯例他们销售的应该还是前几个月的库存产品。因此，1月到9月加多宝公司销售的主要还是冠名为"王老吉"，而非冠名"加多宝"的凉茶。

如果不是广药集团紧追不舍，把加多宝公司告上法庭，有哪个消费者会对电视上"中国每卖10罐凉茶，7罐加多宝"中的数据产生质疑。相信很多人会深信不疑，以为电视上公布的数据，总归不会太离谱。其实，消费者在不知不觉中，已经坠入了商家布下的"统计陷阱"中。这种陷阱和人们的生活息息相关，因此消费者更需要擦亮眼睛，不要盲信盲从。

"水能载舟，亦能覆舟。"统计学说到底不是自然界所赋予的、亘古不变的法则，它只是一套基于人类一定认知水平和一定假设下的方法。如何把它应用到最恰当的地方，发挥它的正能量，其实是有一定弹性的。把握这种弹性的尺度，不仅在于应用统计学方法的人的学识、能力、经验和眼界，也在于应用者要有一颗公平、公正的心。正所谓"运用之妙，存乎一心"。

# 第 8 章

**8**

# 大数据，在水一方

大数据带来的巨大的商业价值，毋庸置疑。这也是人们对它津津乐道的最主要的原因，除此之外，大数据还是一种洞察力和决策力，引领着人们从一个时代走向另一个时代，引领人们看清自己、世界，以及二者之间千丝万缕的联系。

在这个前进的过程中，并没有一位智者或者先知者指引方向，而是全凭着人们的热情和虔诚的心去探索。我们似乎是在追寻一位佳人，"溯洄从之，道阻且长；溯游从之，宛在水中央"。

## 8.1 洛阳纸贵——大数据思维

"一千个人眼里有一千个哈姆雷特。"关于大数据，且不说众多想要赶时髦又自认为学有所长的人，就连走在这个行业前沿的大数据专家，也无法给出一个统一的、权威的定义。

大数据时代，是最好的时代，也是最坏的时代。它给人们的生活、工作、思维方式带来深刻的变革，同时也提出了很多新的挑战。有的人对这个时代抱着宗教般的崇拜和莫名的热情；有的人则带着某种不安定的思索，诚惶诚恐地去拥抱这个所谓的新时代。

大数据时代产生的物质基础是网络技术和储存数据的基础设施的巨大的飞跃式发展。以前一些不敢想象的技术得以实现，这个时代就在不知不觉中悄然而至。数据，被看作一种资源，像石油、矿产等，拥有它们并能够妥善开发的人在竞争中就处于更优势的地位。

大数据从本质上使人们的行为越来越虚拟化。或许在多年前，你对着计算机还可以无尽幻想着坐在互联网另一端的网友是貌似潘安的帅哥还是姿色惊艳的美女，但现在，这种神秘的想象空间似乎越来越被压缩。人们的一言一行在被一双"看不见的眼睛"时刻窥视；人们处处留下痕迹，自己的行为模式、喜好、社会关系无不透露给其他人——我们在不知不觉中"被预测"着。

语言分析、语义处理、图像和信号处理导致全球数据量每年翻一番。随着智能机的普及，很多用户在云端都有几个 G 甚至几个 T 的网盘，存着各种各样的信息，大到一定程度时根本没法处理，我们称为狭义的大数据。

在大数据领域中，众多专家中的佼佼者，如《大数据时代》的作者维克多·迈尔·舍恩伯格先生曾这样定义大数据：一个多维、复杂、多源而又高速变化的数据海洋。他强调，不能单纯地把大数据理解为数据规模很大。大数据具有著名的 4V 特点，即海量规模（Volume）、多样形式（Variety）、高速产生（Velocity）和巨大的潜在价值（Value）。

大数据时代，是技术、数据和思维三足鼎立的时代。技术是物质基础，数据是资源，思维是关键。这里的思维，其实就是指数据思维。

结合大数据的 4V 特点，我们来看看什么是数据思维。首先，所谓大数据思维，是指要关注数据的全面性，而不是抽样性。在获取数据和储存数据的能力都不是很发达的年代，人们无法观测总体，只能通过抽样技术来抽取样本，从而实现对总体情况的一个估计。而随着大数据时代的来临，获取和储存数据已经不是问题，人们有能力获取几乎涵盖总体的海量数据。

海量数据为人们带来更加全面的信息，其中包括原来样本中被遗漏的细节。正如舍恩伯格教授在其《大数据时代》一书中所阐释的那样："我们总是习惯把统计抽样看作文明得以建立的牢固基石，就如同几何学定理和万有引力定律一样。但是，统计抽样其实只是在技术受限的特定时期，为了解决当时存在的一些特定问题而产生的，其历史不足一百年。如今，技术环境已经有了很大的改善。在大数据时代进行抽样分析就像在汽车时代骑马一样。在某些特定的情况下，我们依然可以使用样本分析法，但这不再是我们分析数据的主要方式"。抽样毕竟是一种间接的方法，是估计，有猜测的成分在，必然会引入误差；而如果总体可以被观测，信息量足够，就不需要间接的方法去猜测，误差也会随之减小。

其次，大数据思维要求人们重视数据的复杂性，弱化精确性。在一望无际的数据海洋中，每天，甚至每分每秒，数据都在不断地更新。海量的信息弥补了不精确的遗憾，让人们可以弱化对精确的渴求。这比较有客观合理性。首先，在资源有限的情况下，人们无暇既追求量而又苛求质；其次，虽然在微观上可能存在这样或者那样的误差甚至错误的信息，但把大数据作为一个宏观的、有机的整体来审视，却又能提供有价值的信息。我们要的是一个大的框架，一个模糊而又精确的趋势判断。

这里的内在逻辑是，以前依赖抽样，玩的是"以少博多"的游戏。样本信息量相对较少，所以能够确保记录下来的信息尽可能都是精确化的、结构化的。如果不这样，就不可能起到"四两拨千斤"的估计效果，分析出来的结论也会毫无价值，甚至会起到相反的效果，把决策者引向一条不归路。

相反，在大数据时代，抽样时代对数据"精确性"的狂热追求受到动摇。舍恩伯格教授也在他的书中强调，执迷于精确性是信息缺乏时代和模拟时代的产物。只有 5% 的数据是结构化且能适用于传统数据库。如果不接受混乱，剩下 95% 的非结构化数据就都无法利用，只有接受不精确性，才能打开一扇从未涉足的世界的窗户。或许大数据就应该是海纳百川，包容适当的错误才能取得更大的回报。

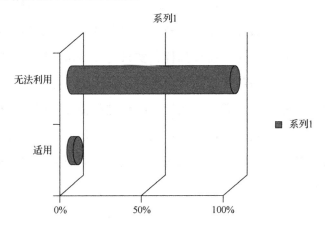

舍恩伯格指出，大数据的出现让人们放弃了对因果关系的渴求，转而关注相关关系，人们只需知道"是什么"，而不用知道"为什么"。

大数据时代，数据科学家更关注相关关系而非因果关系。这点或许不是那么直白。事物之间总是有内在联系的，比如，A 总是伴随着 B 的发生而发生，至于为什么会这样，我们不用去在意。而大数据理念，就是通过深入挖掘、解释事物之间隐蔽的相关性，从而获得更多的认知，然后运用这些认知来预见未来。这就是大数据的核心要义所在，也是人们尝试着看待事物的全新角度。

在大数据时代，传统的思维模式受到挑战。这并不意味着这些基于传统思维的数据分析方法会被迅速淘汰。相反，在这个尝试新事物需要付出巨大成本和风险的变革时代，在未来很长一段时间内，传统的方法都还将继续发挥很重要的作用。

比如，统计学上的抽样技术。虽然大数据思维强调完整数据下的样本即是总体，但大数据的总体和真正意义的总体并不一定能够完全重合。事实上，这在大多数情况下存在相当大的偏差。并且，能够有能力和财力获取此大规模数据的公司或者机构毕竟是少数，抽样依旧是一个更符合经济学原理且普遍适用于各行各业的方法。

首先互联网行业是最与大数据紧密相连的行业之一，它和大数据有着天然的、互为依存的联系。其次是商业智能（Business Intelligence，BI）、咨询服务行业、零售领域，甚至医疗卫生、生物科学、交通物流、物理、社会科学等。大数据正逐渐形成一股变革的力量，引领着变革之路。这股变革的力量催生出数据服务意识，并悄然在这些行业兴起，反过来春风化雨般地作用于科技、商业、经济、金融、医学、教育、人文、政府等社会生活的各个方面。

像 Google 和社交网站的王牌 Facebook 等是大数据的拥有者、倡导者和使用者。

但在互联网领域，很多事实证明外国企业在决策时或多或少地轻视中国的需求，认为他们在国际市场上已经获得的经验才是最趋近完美的，是不可以轻易被挑战的。这种不经意的"傲慢"使得他们的决策无法跟上当今中国快速增长的需求，一次次地被比下去、被淘汰，淡出人们的视野。阿里引导的去 IOE 的趋势，也体现了在未来移动化和大数据浪潮下更加优先满足本土化需求的改变。

在新兴的大数据处理领域，中外公司几乎站在同一起跑线上。在创新市场领域，大数据技术以开源为主体。就算是 IBM、Oracle 等行业老大，也同样是集成了开源技术，并且追求和本公司原有产品更好地结合而已。单纯考虑狭义的大数据处理技术，如 Hadoop、MapReduce、模式识别、机器学习等，中国和西方国家其实并没有实质性差距。

刚刚说过，在大数据"术"的层面上，无论是技术还是数据资产的规模，中外的差距都微乎其微，但如果上升到"道"的层面，即在数据服务意识上，中外差距则非常明显。

此外，很重要的一个方面不容忽视。中国人口数量大、经济活跃，两者决定了中国的数据资产规模在全球首屈一指，客观上为大数据在中国的发展提供了一个广阔的舞台。"巧妇难为无米之炊"，没有子弹再好的军队也打不了胜仗，没有海量的数据也出不了好的产品。中国互联网领域的弄潮儿，阿里、京东、百度等公司，逐步由原来的客户需求驱动、成本驱动，变成数据驱动和与它们相结合的综合决策过程。而这个变化的趋势也将逐步渗透到金融、电信、政府等重要的行业中。

上述谈到的关于大数据的理论，其目的是在大数据一时造成"洛阳纸贵"的潮流下抛砖引玉给读者一点背景知识。我们并不知道这股热潮是很快"退热"还是持续走高，但怀着对知识不卑不亢的态度终究是没错的。下面一起来看几个大数据的小例子。

# 【案例 1】罩杯和"败家"程度

2014 年夏天，阿里巴巴的数据分析师在对其内衣销售数据分析后发现了一个很有趣的结果，那就是购买大号内衣的女性往往更"败家"。

从阿里巴巴给出的数据模型中可以看到，消费水平被划为了 5 个等级，分别为低、偏低、中等、偏高、高。而模型中采纳了由 B 到 E 4 个罩杯的内衣消费者的大数据，结果十分清晰。B 罩杯的女性在由低到高的消费水平等级中，分布的比例依次为 0%、65%、28%、7%、0%；C 罩杯的女性在以上等级中分布比例为 1%、21%、61%、12%、5%；D 罩杯的女性同等分布为 0.7%、14%、61%、18%、6%；而 E 罩杯的同等分布为 1.2%、13%、

53%、26%、7%。

根据数据可以很清楚地看到，在消费水平偏高和高等级中，消费者的分布根据罩杯的增长呈现出递增态势。而整理数据后不难发现，65%的 B 罩杯的女性属于低消费顾客，而 C 罩杯及以上的顾客在消费水平上普遍比 B 罩杯女性高一等级，并且出现了高消费买家。

这样的结果可能是由多种因素综合导致的，而作为大数据的应用者，很多时候可以以此为依据而进行战略部署。而事实上，像阿里巴巴这样每天有着上百万订单的企业，掌握着非常丰富的数据资源。2014 年的"双 11"，阿里巴巴的最高峰订单交易曾达到了每分钟 285 万单，总销售额更是达到了 93 亿美元，这些都足以证明阿里巴巴掌握了巨大的数据资源。

而阿里巴巴集团执行副主席蔡崇信表示，阿里巴巴对数据的利用率还不足 5%。然而，即使是这不足 5%的利用率，也使阿里巴巴的数据团队和运营团队大大提升了网站的效率。

通过对大数据的分析，阿里巴巴更进一步关注消费者如何进行支付，以及是否在移动客户端上完成支付。这让在移动客户端落后于对手腾讯的阿里巴巴有机会打开一个新局面，进一步推广其移动端业务。事实上，不仅中国的阿里巴巴，国际上的大型购物网站，如亚马逊、日本的 Rakuten 也都在利用大数据提高效率。而中国作为拥有最庞大且未经充分研究的市场，被认为是世界上最重要的数据市场之一。

京东在 2014 年的 11 月 11 日也收到了 1 400 万张订单。当时，京东的资深国际交流主任 Josh Gartner 表示，当你在一天获得 1 400 万订单数据时，这将对你的策略十分有帮助。这些大数据可以帮助京东决定未来的库存构成并解决许多营销策略上的问题，或许很多电商、互联网企业都可以从中得到灵感。

# 【案例 2】外滩踩踏事件

2014 年 12 月 31 日，在这个原本应当普天同庆、欢聚一堂的日子，上海市外滩陈毅广场发生了一起严重的拥挤踩踏事件，造成了 36 人死亡，多人重伤，官方一度难以应对。2015 年 1 月 22 日，有关方面终于发布了关于上海外滩踩踏事故的原因和处理建议。

根据报道，造成"12·31"外滩踩踏事件的主要原因有如下几点。

（1）对新年倒计时活动变更风险未作评估。大量市民游客认为外滩风景区仍会举办新年倒计时活动，南京路商业街和黄浦江对岸的上海中心、东方明珠等举办的相关活动吸引了部分市民游客专门至此观看。对此，黄浦区政府在新年倒计时活动变更时，未对可能的人员聚集安全风险予以高度重视，没有进行评估，缺乏应有认知，导致判断失误。

（2）新年倒计时活动变更信息宣传严重不到位。新年倒计时活动变更后，主办单位应当提前向社会充分告知活动信息。但是，直至 12 月 30 日，黄浦区旅游局才对外正式发布了新年倒计时活动信息，对"外滩"与"外滩源"的区别没有特别提醒和广泛宣传，信息公告不及时、不到位、不充分。

（3）预防准备严重缺失。黄浦公安分局未按照黄浦区政府常务会议要求，在编制的新年倒计时活动安全保卫工作方案中，仅对外滩源新年倒计时活动进行了安全评估，未对外滩风景区安全风险进行专门评估。黄浦公安分局仅会同黄浦区市政委等有关部门在外滩风景区及南京路沿线布置了350 名民警、108 名城市管理和辅助人员、100 名武警，安保人员配置严重不足。

（4）对监测人员流量变化情况未及时研判、预警，未发布提示信息。12 月 31 日 20 时至事件发生时，外滩风景区人员流量呈上升趋势。黄浦公安分局指挥中心未严格落实上海市公安局指挥中心每半小时上报人员流量监测情况的工作要求，也未及时向黄浦区委区政府总值班室报告。黄浦公安分局对各时段人员流量快速递增的变动情况未及时采取有效措施，未报请黄浦区政府发布预警，控制事态发展。对上海市公安局多次提醒的形势研判要求，未作响应。

（5）应对处置不当。针对事发当晚持续增加的人员流量，在现场现有警力配备明显不足的情况下，黄浦公安分局只对警力部署做了部分调整，没有采取其他有效措施，一直未向黄浦区政府和上海市公安局报告，未向上海市公安局提出增援需求，也未落实上海市公安局相关指令，处置措施不当。上海市公安局对黄浦公安分局处置措施不当、指导监督不到位。黄浦区政府未及时向市政府报送事件信息。

调查认定，黄浦区政府对事件负有主要管理责任，黄浦公安分局对事件负有直接管理责任，黄浦区市政委对事件负有管理责任，黄浦区旅游局对事件负有管理责任，黄浦区外滩风景区管理办公室对事件负有管理责任，上海市公安局对事件负有指导监督管理责任。

在事故处理建议中，上海市方面从行政程序和手段的角度出发，分析了造成踩踏事故的行政失误，并建议处分黄浦区区委书记和区长等若干官员。但从未来城市管理的发展角度看，引入大数据智能分析与可视化监测等前沿技术，提升智慧城市的自动化管理水平，对复杂系统的指挥控制采用更多现代化的平台与工具更是必要。

在此，可以通过一份百度研究院大数据实验室（Big Data Lab，BDL）的分析报告对外滩踩踏事故发生的背景、数据作多维度的分析与透视。根据这份报告可以看到，如果当时黄浦区公安局的监控室里有实时监控数据，这样的悲剧实际上是可以被预警的。换句话说，如果大数据分析平台能够在各地政府得到广泛运用，那么悲剧很可能不再会发生。如果有了数据分析监测系统，人们就可以安心参加各种大型庆典活动，而不必担心事故的风险。可以说建设智能科技与大数据分析平台，可以让城市更美好。

# 【案例3】大数据和途牛网

陈友义，途牛网前数据分析总监，曾在支付宝、麦包包及知名数据挖掘服务公司任职，在数据分析与数据挖掘项目，尤其对互联网数据分析方面有着丰富的经验。在某一次的数据分析技术交流分享会上，他为我们详细地展示了途牛大数据平台的系统架构，其中包括如何采集高数量级数据，以及如何储存和清洗这些数据，并且进一步展示了如何在大数据层面，通过对需求的理解及数据模型的建立达到精准的营销推荐效果。

他的整个展示过程侧重于两方面：①途牛大数据基础平台；②途牛大数据的应用。想要对途牛大数据进行案例分析，首先必须要充分了解途牛大数据平台的基础架构，而后通过对整个平台的具体运行方式进行分析，再结合途牛大数据的应用充分地对其进行案例分析。

途牛大数据采用非常经典的数据金字塔框架。简单来说，这样的数据金字塔框架分为5级：最底层的是基础数据平台；然后，在数据平台的基础上制作数据报表并且对其进行可视化处理；接着便可以在数据报表的基础上再进行产品与运营分析；有了分析结果之后，对其进行归纳整理，数据产品就产生了；最后，运营者可以根据数据产品改变相应的战略。数据金字塔的框架看起来十分清晰、简单，但是事实上在运作过程中却十分复杂。那么，究竟是什么原因导致大数据的处理如此复杂呢？这就需要读者对大数据平台技术框架具有一定的了解之后才能体会。

　　既然如此，在这里就不得不简单介绍一下大数据平台技术框架。数据的来源分为三个部分：一是 MSDB，二是日志文件，三是流文件。这三者分别以数据库、离线文件和数据流的形式进入采集平台。这个采集平台集合了实时采集引擎、实时传输引擎、实时分发引擎及数据容错引擎，将数据整合后传递到实施数据平台和离线大数据平台。实时数据平台通过实时计算和储存引擎将上一步所得的数据处理后再传递到途牛应用平台，这样就能在途牛应用平台的实时推荐系统、实时定价系统、客户营销系统、销售预测系统、语音挖掘系统中有所体现。而离线大数据平台则通过处理引擎、计算引擎、存储引擎将数据整合到途牛查询平台，并且在其 KPI 系统和自定义报表系统中体现。这几个平台就是途牛所采用的 TCO 平台，也就是数据写作平台，它们形成了途牛的大数据平台技术框架。

　　途牛的大数据应用业务又分为三大模块。其中，语音挖掘系统、销售预测系统、产品价格预测系统、实时推荐系统统称为数据挖掘模块。BI 门户和自定义报表，以及网站流量分析系统、业务主题分析报表、精准营销系统、指标监控系统、决策支持系统、实时分析系统则属于数据应用模块。而最重要的数据核心层包括流量数据处理模块、订单数据处理模块、客户数据处理模块、无线数据处理模块、语音数据处理模块及其他模块。数据核心层又称为数据处理模块。

# 8.2　大数据驱动运营

　　大数据的商业价值主要体现在对企业运营的驱动层面上，这体现在企业管理的方方面面。理论化地总结起来，就体现在下面这个最著名的大数据企业运营应用金字塔模型上。

这个金字塔模型包含 7 个层次，从上到下依次是战略分析、业务经营分析、业务市场传播、精细化运营与营销、用户洞察与体验优化、业务运营监控和数据基础平台。这是一个最基本的模型。在这个基础上，企业可以根据其具体情况和所面对的客户做出更符合自身需求的调整。

第一和第二层次：战略分析和业务经营分析。这是最高层次的应用，涉及方法论。拥有大数据资产的企业无论是在硬件、技术、理念还是人才方面，都有着中小传统企业无法比拟的优势。它们的数据更新的速度极快，每小时甚至每分钟都在更新，产生的数据量极大，而传统企业的战略分析、经营分析一般是按周或者按月来计算统计的。此外，它们数据来源更多、更杂，很多是非结构化的数据。这些企业通过对实时数据的深入挖掘来获得更多的洞察力，以便于为决策提供更可靠的支持。不过，在实践中，也存在着很多误区，需要格外注意。

第一，有一些企业错误地把"用户洞察与体验优化和业务运营监管"上升到最高的经营分析和战略分析的层次上来实施。"用户洞察与体验优化和业务运营监管"这个层次可以通过计算机、算法和数据产品得以实现，是较低的层次；而战略和经营分析则需要人力来完成，实现的好坏依赖于人的经验、智慧、决断力、洞察力，甚至取决于外部环境的变化。把该由机器做的事情交给人来做，不仅可能引入人为误差，还浪费人力，导致效率低下。

第二，有些企业过分迷信数据分析的作用。在很多瞬息万变的领域，如互联网领域，战略层面的抉择是非常主观的，需要依赖于决策者敏锐的判断力和果敢的商业智慧，而数据很难预测大的发展方向。腾讯当年选择微信的时候是依赖于大数据的挖掘和分析吗？产品经理恐怕会笑而不语。或许，那只是灵光乍现的一个瞬间所做出的决定。

第三层次：业务市场传播。数据分析也可以辅助市场传播，这不可思议吧！在游戏发行公司时，老板一直催着笔者做数据可视化。他是一个有见地、有追求的人，在国内游戏领域中可谓凤毛麟角。他一直强调数据可视化就是满足人们懂的权力——The right of understanding。

通过提供数据可视化产品来让数据更加生动、亲切。某互联网地图服务商基于其位置定位的数据，向人们展示了春节期间全国春运出行热度图，网民可以在动态的出行热度图上查看某一时刻某地的人口迁入、迁出线路情况。甚至具体到不同的交通工具，如飞机、汽车、火车等的热度对比。这样简单实用又和民生贴近的可视化产品受到了社会、媒体和网友的广泛关注和喜爱。

第四层次：精细化运营和营销。这一层主要的目的是通过大数据驱动企业进行精细化运营和营销。这主要通过以下几个方面来实现。

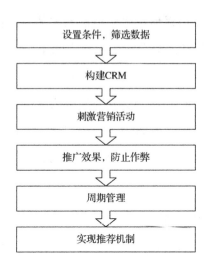

第一，通过设置一定的条件（如选择性别、年龄、职业等）把用户数据筛选出来，用于运营。

第二，构建客户关系管理（Customer Relationship Management，CRM）。不仅要整合企业内部数据，还要整合企业外部数据，用于给留存用户贴标签，掌握不同类型用户的价值，挖掘潜在用户，根据不同类别用户的个性化特点制订不同的营销策略。

第三，通过数据挖掘正向刺激营销活动。通过数据挖掘，如逻辑回归、决策树等，有效地提前识别最有可能响应营销活动的用户，或者挖掘潜在可能的用户，以此来提高活动效果。

第四，监控渠道推广效果，建立防止作弊的有效机制。通过数据手段实现对渠道推广效果的实时监控，及时调整预算、广告投放、推广活动和策略等，控制成本，最大化投放效果。与此同时，建立渠道作弊的报警机制，把可能的作弊行为扼杀在摇篮里。

第五，客户生命周期管理。按照数据挖掘的结果，刻画客户生命周期。针对处于不同生命周期中的用户实施不同的营销策略，最大化营销效果。

第六，实现客户个性化的推荐机制，拒绝"千人一面"的推广方式。

深入挖掘客户的个性化需求，根据需求推荐产品或者服务，以谋求资源的合理配置和推广效果的最大化。

第五层次：用户洞察与体验优化。通过分析大数据来研究客户行为及其偏好，以此来调整企业战略和营销方案，以达到优化用户体验的目的。这里所应用的大数据分为结构化和非结构化两种。结构化可以简单理解为企业的常规数据，通常是 Excel 表格中的数据；非结构化的数据来源比较杂乱，数据呈现形式也比较混乱，如微博、论坛等。

第六层次：业务运营监管。这就像一个体检机制，时刻检查人体的健康问题。身体已出现问题，就会发出预警，应及时得到医疗和诊治。这个数据驱动的运营监管机制也能够及时发现企业经营中潜在的问题，并迅速定位，及时解决，把损失降到最低。它可通过如下途径来实现。

第一，整理企业数据体系。单单依靠数据分析人员很难完成该项工作，必须"两条腿走路"，同时得到具体业务人员的专业意见，特别是在对关键变量和 KPI 数据的理解、分析和梳理方面。以游戏中的活跃玩家为例，假设某个游戏的 DAU（Daily Active User）量开始下跌，如果要分析什么原因引起的，就要拆分到具体的数据去看，比如从新老玩家的构成比例、玩家质量、渠道推广价值和推广力度等各个维度进行梳理、考查。

第二，监管异动产品。这就需要利用数据可视化清晰展示数据结构和数据间的联系，也需要通过合理的算法对异常值进行准确定位。此外，还需要一个通报机制把异常结果反馈到相关人员手里，让他们能够准确采取下一步行动。

最底层：数据基础平台。这就像一个国家的基础设施建设，像道路、通信、水利和网络等，虽然是基础，却发挥着难以取代的作用。没有高质量、清晰、结构合理、易于提取的数据，上述六个层次的任务都无法实现。一个不重视基础设施建设的城市，即使建再多富丽堂皇的建筑，和人民休戚相关的民生也无法得到保障，一场大雨照样造成"看海"的悲剧。同样，一个不重视数据基础建设的企业也无法在激烈的竞争中走得更长远。

# 【案例】DataEye，数据驱动手游运营

在游戏行业中，有这样一个年轻的团队、一个创新型公司，专注为互动娱乐产业提供相关的数据挖掘服务。初创团队全部来自腾讯游戏及数据部门，是一群对游戏、数据有着无限热情和梦想的年轻人，他们有着非常丰富的行业和数据分析经验。

这就是成立于 2013 年 9 月的深圳慧动创想科技有限公司。其立志成为国内最优秀的以数据驱动游戏运营，引领游戏行业整体发展水平的专业型公司。其开发的 DataEye 是一个专门针对游戏的第三方数据分析服务平台，其通过专业的游戏运营数据分析，帮助游戏开发商、运营商、发行商更好地优化产品和服务，增加利润。

游戏行业，特别是手游，无论是管理还是运营都有待提高。而提到游戏数据分析，很多游戏公司都没有一个系统的概念，或者没有专业成熟的方法。这和以数据分析见长的国际知名的大公司相比，有着巨大差距。

随着游戏行业竞争日趋饱和和行业整体的日益成熟，精细化运营变得越来越重要。而伴随着大数据成为社会的一种潮流，全社会的数据意识都在觉醒，技术不断变革，海量数据储存盒计算不再是难题。数据分析的门槛不断降低，中小型公司也可以实现数据驱动游戏运营。在数据分析方面，国外比国内起步要早。在国外，数据分析已经和大数据密不可分，积累较多，社会认可度也高，也更受资本关注。

在发达国家，数据分析已经形成完整的产业链，从事数据清洗、数据存储到实时监控三个环节的产业明确分工。相形之下，国内的数据分析行

业正处于发展阶段。成立较早的三家数据分析公司，如北京的友盟、Talking Data 和深圳的慧动创想，而其中专注于手游数据分析的仅有深圳慧动创想一家。行业的发展初期意味着有更多的市场机会。

游戏行业数据驱动的典型代表是 Zynga，从立项、评审、策划等几乎一切过程都需要数据支撑。不知道是不是因为对数据过于狂热的追求，最后导致了 Zynga 的游戏因缺少创意而没落。毕竟游戏属于和艺术有关的娱乐产业，数据不能取代创意，理性分析不能取代灵感。Zynga 中国分公司于 2015 年 2 月 11 日宣布正式解散。这个消息一出，令不少业内同行颇有英雄末路、美人迟暮的唏嘘感慨。

对于发展相对比较成熟的网游来说，很多大厂商对数据分析已经相当熟悉。但是，手游的爆发颇有"忽如一夜春风来，千树万树梨花开"的事态，迅速催生了对数据分析市场的需求，也带来了很多问题和挑战。DataEye 平台在上线一个月内，就接入 30 款手游，覆盖移动终端 2 000 万以上，但让王祥斌苦恼的是开发者的意识。在手游开发者中，中小团队偏多，大多靠"拍脑袋"进行决策。因此，他希望通过提供免费服务让中小开发者尝到数据驱动运营的甜头，提高他们的数据意识，从而提高整个行业的素质。

当然，这一切都是在保证安全的前提下进行的。因为广大游戏开发商最顾虑的就是商业信息和游戏玩家个人信息的安全。如果作为商业机密的关键数据泄露，公司就可能面临巨大危机；如果游戏玩家的隐私被泄露，开发者就不再具有行业公信力，公司倒闭也是早晚的事。

王祥斌坦言，这两点他们也都认真考虑过，但截至目前国内外都没有完美的解决方案。慧动创想的做法是签订协议，此外，还注意加强避免攻击的常规技术手段，不主动搜集数据，而是由 CP 决定分析哪类数据。

随着手游在中国的发展、成熟，数据驱动运营也将会越走越远、越走越好。

# 8.3　商业智能——决策者的锦囊

商业智能又称为商务智能（Business Intelligence，BI）。

可以简单地认为，商业智能是对商业信息的收集、管理、分析、推论的过程，目的是使公司的各级决策者获得信息和洞察力，以便作出更有价值的决策。所以，商业智能的本质是一种企业的解决方案。

目前，大部分中大型的企事业单位都已经建立了比较完善的客户关系管理（Customer Relationship Management，CRM）、企业资源计划（Enterprise Resource Planning，ERP）、办公自动化（Office Automation，OA）等基础信息化系统，或者被统一称为在线事务处理（Online Transaction Process，OLTP）。有了这些系统，企业工作人员就可以通过计算机操作，实现对数据库进行增加、删除、调整等操作。

通过在线事务处理系统的运行，企业会积累大量数据。海量数据本身是分散的、抽象的、杂乱的，甚至是没有意义的。如果解读这些数据，就需要把数据转化成有用的信息，这是关键。否则，决策层怎么可能让一堆堆的数据去辅助决策。

企业如何把数据转化成信息和知识呢？BI 基本是从三个层面上得以实现的：最低端的 BI 是报表系统，多数企业都在应用；中端的 BI 是数据分析；高端的 BI 是数据挖掘。我国的大部分企业都还是停留在 BI 的低端实现上。

报表系统有着不可替代的作用，但也存在着很多制约。

报表提供的数据丰满，但信息骨感。特别是对于决策层来讲，他们不可能对着一张张 Excel 表格去一一核对数据。他们在意的只是业务是好了，还是坏了。此外，报表提供的都是表面上的、最初级、最原始的数据信息。而仅仅通过报表，人们对隐藏在背后的内涵知之甚少，需要深入挖掘。

通常来说，数据挖掘（Data Mining）是指源数据经过清洗和转换等成为合适的数据集，基于这些数据集再来完成知识的提炼，最后再用于进一步分析决策工作。也就是说，数据挖掘是从特定形式的数据集中提炼知识，用于预测、支持决策的过程。

"你不可能管理那些无法评测的东西"，理解了这句话或许也就理解了商业智能的真正价值。

# 【案例】广告业的商业智能

针对广告公司，其营销与销售部门的商业智能分析主要围绕他们日常的工作内容展开。他们主要从广告、客户、媒体等数据综合考虑，对具体情况进行分析，包括迅速定位问题、反馈市场和销售目标的完成情况。简要概括如下表所示。

| BI 分析视角 | 具体内容 |
| --- | --- |
| BI 分析内容 | 客户发展、合同签订、收入目标达成及合同收款进度和达标情况；<br>合同执行情况，广告实际刊登情况分析和常规财务分析；<br>刊登广告的媒体的销售情况，版面位置及版面利用情况；<br>人员结构、业绩考核及成本核算，包括客户发展数量和程度、合同签订数量及绩效考核；<br>宏观情报分析，采集和分析广告市场数据、行业发展数据及竞争对手数据 |
| BI 考量指标 | 版面：版面数、版面利用率、单价、制作费、合同数、合同金额、刊登次数、销售额、合同应收款、合同已收款、客户数量等，以及以上指标的各种计划目标和目标达成率。对以上全累加或半累加的指标，还有月度值、季度值、年度值、本年累计值等 |

| BI 分析视角 | 具体内容 |
|---|---|
| BI 分析维度 | 时间：年度、季度、月度、双周、周等，甚至一天内的具体时段（比如电视广告档期）；<br>地域：管理区域与行政区域的结合，包括销售大区、省份、城市等；<br>媒体：媒体的类型、版面数量、规格、发行渠道、频率、数量等；<br>客户：客户级别、行业、公司规模、经营性质、上属集团、关键联系人等 |
| BI 分析方法 | 对比分析：选定的刊物、读者群、读者反馈、性别、区域等方面；<br>趋势分析：月度、季度、年度收入走势，同比、环比等；<br>比重分析：区域、性别、职业等客户属性；<br>其他：客户生命周期分析、财务分析等 |

# 8.4 市场智能——商业智能的衍生智慧

现在除了 BI 的概念，还悄然兴起另外一些相关、相似而又不完全一样的概念。

例如，市场智能（Market Intelligence）。它的特点是结合抽样，进行静态分析。市场智能是基于市场研究的一个衍生概念。在实践中，市场研究包括很多方面，上到品牌和传播，下到产品渠道。研究方法也分为定量研究和定性研究。随着网络和移动端的发展，网络舆情和口碑检测也成为市场研究不可或缺的一个部分，而这部分和大数据紧密结合。目前单数据源是主流，但随着大数据的普及，未来市场研究的趋势是整合多数据源。

在大数据的时代背景下，市场智能的研究也有着很多可以优化的部分。

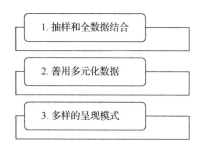

1. 抽样和全数据结合

2. 善用多元化数据

3. 多样的呈现模式

（1）抽样和全数据结合。如何把握二者结合的比例和节奏，是一门艺术。像收视率的调查，是通过抽取某些家庭中安装的电视收视检测仪，然后估算总体的收视率来实现的。在传统的电视媒体的技术手段下，这样的抽样是最经济有效的选择，因为给每户安装检测仪的成本太高，不现实更没有必要。试想一下，如果互联网电视足够普及，每个家庭的收视情况都可以随时被监控而不需要付出太多额外的成本，在这种情况下，已经有了总体，就不需要抽样了。

但是技术的发展和普及，以及产业的整个升级过程都需要一个漫长的等待过程。在这个微妙的节点上，旧的技术不会完全被淘汰，新的技术也不能立刻普及，二者需要同舟共济一段时间。

除技术层面的掣肘外，在生产生活中也存在大量无法通过网络获取的数据，这也需要抽样的方法来调查。特别是在测量消费者态度方面有着非常主观的数据，如品牌知名度、客户态度和满意度、客户偏好等。这些数据的调查是一个主动的过程，很难自动化采集。

（2）善用多元化数据。借鉴 BI 系统对多源数据处理和应用的思路，市场研究人员将多个来源的数据进行汇总、清洗和整理之后，形成一个整合过的数据集，然后再进行统一分析。

客户在社交媒体上的自我展示和互动，催生出越来越成熟的社交媒体分析方法，这就为市场研究带来更丰富多彩的素材。比如在客户满意度调查中，如果采取的是问卷调查或者电话调查的方式，由于被调查者迫于时间压力或者面子不愿意过多表达自己的不满意，那么这种方式收集来的不满意占比通常就较小，而且也没有太多具体意见。

相反，在微博或者各类论坛上，消费者却能无拘无束地尽情"吐槽"。如果做市场调研的人员能够在这类媒体上长期"潜伏"，就会收集到很多生动的、第一手的用户体验，其中包括客户亲身体验的各种质量问题、奇葩服务、产品潜在缺陷等。这些信息对于摸清市场动态，调整自身策略，改进产品质量和优化用户体验都是十分宝贵的。

随着智能手机的普及程度越来越高，各种 App 提供了丰富的手机拍照、地理定位等功能。通过这种方式也会为企业提供大量用户相关的市场数据。

除了网络数据，问卷调查数据、传统业务数据、财务数据、人口和经济宏观数据都十分重要，只有把这些有机地整合在一起，才能获得更深刻的洞察力。

（3）多样的呈现模式。传统的市场研究结果多以 PPT 的静态模式来呈现，而在市场智能的发展趋势中是去 PPT 化的，是以灵活多样的、静态的、可视化的效果来呈现研究结果的，让更多的人有能力理解。

借鉴 BI 的思路，对客户数据进行有效的管理，然后再通过人性化、高水准的可视化技术，以数据包或者网站链接的方式给客户提交数据，方便客户查询调用。和广泛意义上的 BI 相比，市场研究的数据量还是偏小。在借鉴的过程中要结合 MI 自身的特点，"做减法"来调整。

有一些数据产品已经在上述方面得到了很多成功的经验，比如艾瑞的互联网监测产品、多家公司的生活形态数据库等，都将数据做成了可以动态分析和可视化的工具。

总而言之，在市场智能实现的过程中，可以充分借鉴商业智能的特点来拓宽思路。"他山之石可以攻玉"，做好这些，就能完成从市场研究到市场智慧的完美蜕变。

# 8.5　消费智能——当数据成为一种服务

商业智能使得企业可以通过收集数据来支持决策。而另一个相似的概念，消费智能（Consumer Intelligence，CI）是指把数据分析作为一项服务由企业提供给消费者，支持消费者的消费决策。

消费智能被认为是大数据时代一个极其重要的发展趋势。消费智能得以发展的基础是商业智能的广泛应用。大多数使用 BI 系统的企业，数据意识崛起较早，数据基础设施建设得到充分重视。但不同的是，BI 强调数据是企业内部资产，只用于企业内部的决策支持。但在 CI 的角度，数据不仅仅可以供企业内部使用，也可以作为一种服务向外部提供。这就是数据服务。

这样的数据服务有着极其广泛的市场需求或者潜在需求。风靡全球的 Linkedin（中文名：领英）就是基于数据提供创新服务的典型企业。把客户需求分析作为核心，以完整的大数据系统为着眼点，以大数据挖掘方法为着力点，Linkedin 最终成长为全球最大的职业社交网站。

linkedin 通过网站为注册用户推荐工作，把有相似职业需求或者联系的人连接在一起。如今，Linkedin 正打算把这种从数据中获得的洞察力作为一种服务提供给客户。Linkedin 的国际数据服务主管正计划发展一项基于数据的客户自助服务，通过关键利益相关者提供数据来支持他们为自己职业发展做出决策。Linkedin 的这项业务对于消费者来说意义重大。通过数据，求职者可以科学决策对自己的未来如何"下注"。

既然消费智能有着如此广阔的市场前景，那么企业，特别是已经拥有商业智能的企业该如何实现向消费智能的华丽转型呢？

对于已经应用商业智能的企业来说，这并非难事。

基于商业智能下的数据库，企业可以开发一些应用或工具来支持终端用户的行为决策，而当用户使用这些工具时，企业也会得到相关数据的反馈，反过来再用于重新优化产品和服务。所以说，消费智能形成了企业通过数据与客户良性互动的全新模式：消费者从中获得数据服务，得到切实实惠；企业通过提供这种服务稳固客户关系，提高客户忠诚度。

在相对成熟的欧美市场上，最先使用消费智能的行业是金融业，如加拿大皇家银行，他们只需要三四个月的时间，就实现了从商业智能向消费智能的转换。

在我国，最先使用消费智能的企业是谁呢？答案或许很意外：中国邮政。中国用户可以通过中国邮政的网络跟踪查询自己的包裹所处的位置和状态。在这个过程中，客户所进入的数据仓库就是中国邮政具有商业智能的企业数据库。中国邮政其实就是为客户提供数据服务。当然，这个模式也是复制国外的邮政系统。

此外，智能手机的迅速发展和消费智能的发展也息息相关。如今，移动技术的广泛应用彻底改变了企业的价值链，特别是手机移动端使电子商务会进一步演变成移动商务。人们的各种信息（如位置、消费模式和偏好、社交关系网、信用信息等）都紧密和智能手机相连，并且产生及时的、海量的、非结构化的商业数据。

这些数据中蕴含着巨大的商业价值。那么，企业该如何管理、利用这些数据呢？

企业可以利用移动设备增加用户黏性。根据国外社交网站的调查，移动设备普及后，人们花在 Facebook 等社交网站上的时间增加了两倍。移动设备是传递消费者行为信息的强大渠道。

现在，中国的智能手机普及率约为 68%，还有一个上升空间。坚信不久的将来智能手机在中国会更加普及，消费智能将越来越受到重视。

# 反侵权盗版声明

    电子工业出版社依法对本作品享有专有出版权。任何未经权利人书面许可，复制、销售或通过信息网络传播本作品的行为；歪曲、篡改、剽窃本作品的行为，均违反《中华人民共和国著作权法》，其行为人应承担相应的民事责任和行政责任，构成犯罪的，将被依法追究刑事责任。

    为了维护市场秩序，保护权利人的合法权益，我社将依法查处和打击侵权盗版的单位和个人。欢迎社会各界人士积极举报侵权盗版行为，本社将奖励举报有功人员，并保证举报人的信息不被泄露。

举报电话：(010) 88254396；(010) 88258888

传　　真：(010) 88254397

E‑mail：dbqq@phei.com.cn

通信地址：北京市万寿路 173 信箱

           电子工业出版社总编办公室

邮　　编：100036